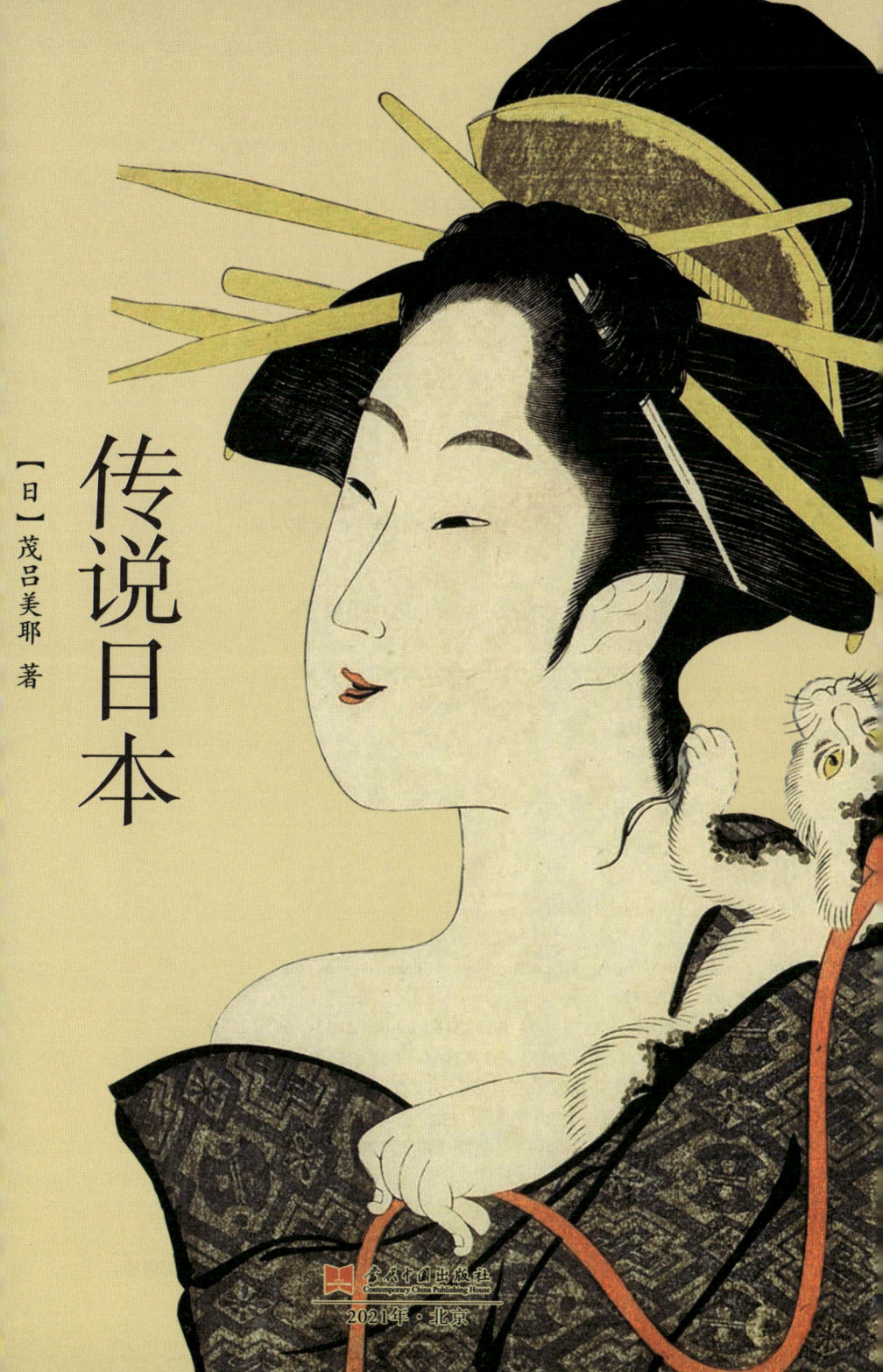

原著：《传说日本》/ [日] 茂吕美耶　著
通过成都同舟人文化传播有限公司（E-mail: tzcopypright@163.com）
经作者茂吕美耶授权给当代中国出版社在中国大陆发行中文简体字纸质版和电子书版权
© 2017该出版权受法律保护，非经书面同意，不得以任何形式任意重制、转载

版权合同登记号　图字：01-2017-8484

图书在版编目（CIP）数据

　传说日本 /（日）茂吕美耶著. -- 北京：当代中国出版社，2021.7
　ISBN 978-7-5154-0906-1

　Ⅰ. ①传… Ⅱ. ①茂… Ⅲ. ①民间故事—作品集—日本　Ⅳ. ① I313.73

中国版本图书馆 CIP 数据核字（2019）第 000112 号

出 版 人	曹宏举
责任编辑	隋　丹
特约编辑	刘健煊
外文审订	杨建兴
责任校对	康　莹
印刷监制	刘艳平
封面设计	胡椒设计
出版发行	当代中国出版社
地　　址	北京市地安门西大街旌勇里 8 号
网　　址	http://www.ddzg.net　邮箱：ddzgcbs@sina.com
邮政编码	100009
编辑部	（010）66572264　66572154　66572132　66572180
市场部	（010）66572281　66572161　66572157　83221785
印　　刷	北京润田金辉印刷有限公司
开　　本	880 毫米 ×1230 毫米　1/32
印　　张	9.25 印张　1 插页　插图 139 幅　197 千字
版　　次	2021 年 7 月第 1 版
印　　次	2021 年 7 月第 1 次印刷
定　　价	60.00 元

版权所有，翻版必究；如有印装质量问题，请拨打（010）66572159 联系出版部调换。

新版自序
我应该可以再度提笔写书了

《物语日本》《江户日本》简体版初版第一次印刷于2006年8月上市，我记得当时的大陆市场反映相当不错，读者的热情捧场让出版社持续加印了六次。接着是《平安日本》和《传说日本》简体版也随后上市。这四本书算是我的初期作品，就冷门小众的人文社科类图书来说，不论繁体版或简体版，每一册的累计销量都还算颇佳，在当时甚至可以说是一枝独秀的畅销书。

之后，销量逐渐下滑，十多年后，连繁体版也停止加印。由于简体版版权和繁体版绑在一起，我于是在繁体版合约期限到期时，干脆收回版权，让《物语日本》《江户日本》《平安日本》这三本书绝版，并收回《传说日本》简体版版权。

绝版后，陆陆续续又有其他大陆出版社来信征求版权，表示想让这四本书重新问世，我都婉拒了。因为我对这四本书怀有特殊的感情，一直想重新整理内容，或删除修改某些文章，或补充某些新文章，让其再度出现。无奈，我必须不断出新书，否则无法养活自己和家中那七只"喵星人"，因此除了物理性的时间外，在非物理性的精神领域上，我也缺乏余裕着手改版之事。

我是个纯粹靠稿费与版税收入糊口的专职作家。相信有很多人都心知肚明，光靠不定期的稿费和非固定的版税收入，其实很难维持生计。幸好我还有另一项翻译工作，两者加起来，才勉强可以达到日本政府所制定的最低生活保障线，也就是贫穷线。即便如此，倘若我不勤快写书，稍微一偷懒，便会四脚朝天坠入日本社会底层之"下流老人"阶层。

所谓"下流老人"，是日本社会于2015年出现的新名词。日文的"下流"（karyu）相当于中文的"下游"，除了江河水流靠近出海口之处的"下游"外，另一个意思是社会下层、底层，也就是生活贫苦、地位卑微的社会阶层。"下流老人"正是生活水平处于或低于贫穷线的高龄者，他们的特征是收入少、存款少、四周可仰赖的人少（社会孤立）。

日本人口老化速度居全球第一，目前总人口中有四分之一是65岁以上的银发族，整个国家社会已经在原地踏步了二十年。往昔的"钱都握在老人手里"的迷思早已破解，银发族户的贫穷率高达27%（2016年资料）；换句话说，占总人口四分之一的银发族中，有四分之一是贫户。如果单独抽出女性独居户的数据，则半数以上是贫户，而我，虽然年龄还不到65岁，但收入少、存款少、独居户，正是典型的"下流老人"候补生。

大约在三年前，我曾计划再度走上社会，找一份每个月可以领薪资的工作。只是，以我的年龄和学历以及工作经历条件来看，我只能应聘时薪大约950日元的兼职工作，例如超市收款机店员或餐厅洗碗工以及在医院负责膳食的工作人员或清洁工。我不嫌弃这类工作，反正窝在家里打稿一样得做做炊事洗碗打扫等家事，不料，就在我准备应聘工作时，我的膝关节竟然出了毛病，因膝盖疼痛而导致行动不便，只能放弃出外工作的念头。医院换了好几家，从可以利用健保的大医院骨科、复健科起，到一次至少需付5000日元的针灸推拿治疗院等，能去看病的地方都去了，均不见效。

这种长期的慢性疼痛真的会磨人心志，不但令我失去自信，日子也过得心神恍惚，最后甚至丧失了使用文字的能力。每当我坐在计算机前打算打稿时，往往在数小时后，却发现我只能打出彼此毫无关联的几个单词；每个单词我都懂得意思，却不知该怎么将这些单词连接成句子。文字能力失控使我甚至想去找心理医生。

尽管如此，我还是尽己所能完成了《物语日本》的改版，让繁体版于2017年5月上市。巧的是，同一年夏季，我收到中国大陆某版权代理公司来信，表示有出版社想出这四本书，问我意下如何。商谈了几个月，我们终于在年底签订了合同。此外，我也和中国大陆其他出版社签订了几本新书合同。

扳指一算，2018年居然是我版权输出数量最多的一年，除了新版《物语日本》《江户日本》《平安日本》《传说日本》，另有《明治日本》（四川文艺出版社）、《大正日本》（四川文艺出版社）、《大奥日本》（广西师范大学出版社）以及繁体版新版《Miya字解日本：食、衣、住、游》（台湾麦田出版社），总计八册。

正是这八册新书的版税令我暂时缓解了经济压力。我非常感激中国大陆的出版社在同一年度引进了我的书，让我摆脱自此停笔的念头，重新提起用单词组成句子、再用句子构成文章的兴致。

我想，我应该可以再度提笔写书了，也应该坚持不懈地写下去。

茂吕美耶

2018年7月于日本琦玉县

前言
日本的传说

根据中文辞典的解释,所谓"传说",是指"流传在民间,关于某人、某事的叙述。内容多附会史实而有所改易,其中亦常夹杂神话";日本《广辞苑》的解释则是"以神话、口碑等说唱为主,自古传承下来的口传文学"。讲准确点,应该是"口传文艺",因为有人将这些说唱故事整理成文字,才得以成为文学的一部分。

说起来,无论任何国家或地域,口传文艺自无文字时代以来便已存在,只是日本于20世纪初,以柳田国男(1875—1962)为主,创造出"日本民俗学"这门学科,开始有计划、有系统地研究起民俗学、乡土学,因此这些口传文艺在日本又被分类为昔话、传说、谚、童谣、民谣,等等。

"昔话"(mukashibanashi,むかしばなし),翻译成中文有"民间故事"的意思,通常以"从前……"为开场白,接下来就是故事本身,而且尽量避免使用实际人名、地名或时代等固有名词,以回避说唱人或撰文者对故事内容可信度的责任。

另一点,因为昔话基本上是口传文艺,这个"从前……"的开场白用的都是当地方言,所以同样内容的昔话由不同出生地的说唱者来讲述时，听众会感觉如处身于一个小国际村，故事内容明明一样，听起来的感觉却完全不同，非常有趣。

"传说"内容虽跟昔话类似，不过有固定名词，也就是说，主角通常是历史名人或当地实际存在过的人物，地名和年代也都明确写出，而且文章没有固定形式。所以，日本作家想将这类口传故事编写进自己的作品时，通常会选择传说而非昔话。

至于近年来流行的"都市传说"（并非只限于大都市），先不管其内容是否属实，都是基于个人体验之谈，再借媒体或网络而流传于大众之间的故事，在日本是被列为"传说"谱系中的。

简单来说，以现代文学分类法来区分的话，传说大约相当于"传记"（non-fiction，でんき），昔话则是"创作"（fiction）。而所谓"童话"（どうわ），也就是儿童文学，则包含所有的昔话、传说、谚，等等。

之后由当代知识分子以文字记载并收录起来的这些口传文艺选集，便是所谓的"说话文学"。日本现存最古老的说话选集是《日本灵异记》（758—822），其他著名选集有《江谈抄》（1107年左右）、《今昔物语集》（12世纪前半叶）、《宇治拾遗物语》（13世纪初）、《沙石集》（1283年）等。

至于日本最古的书籍《古事记》（712年）、《日本书纪》（720年）则属于历史神话，因这些神话故事可以另写成一本《神话日本》，所以我在书中只挑了《因幡白兔》和《海幸

彦·山幸彦》这两则在日本家喻户晓,既是传说又是神话的故事。

总之,这本《传说日本》主要收录的是传说而非昔话。一般中国人熟悉的《鹤报恩》《桃太郎》《浦岛太郎》《雪女》《一寸法师》等,在日本均属于昔话谱系。而我想介绍的是一般外国人比较不熟悉的传说,因此我在写本书中的《桃太郎》时,便将传说原型与普及大众的昔话分别列出,好让读者理解传说与昔话之差异。而《浦岛太郎》这篇所采用的手法,则是"全国性昔话+各地传说内容"。

事实上,真要收录日本民间说话文学,《昔话日本》肯定会比《传说日本》好写,甚至更易讨好,因为昔话多半是从传说延伸而出的旁系故事,性质属于"fiction",不用太在意其地名、人名的真实性,可以不必四处收集数据,比较考证,忙得满头大汗。然而,就一般读者而言,昔话读起来也许很亲切,但并不深刻。反而是传说,处处留有线索,可让人更加深入地领悟日本文化,尤其是庶民文化的根源与精髓所在。

正因如此,在本书中,我也不想只介绍某些著名的全国性传说,而是平均分配,在一道(北海道)一都(东京都)二府(京都府、大阪府)及其他四十三县,总计四十七个地域内,各挑选出一个当地最普遍的传说故事,改写成中文。让读者可以走出东京、京都、大阪这些当红的观光景点,走入更广大的日本,看看各地代代相传的传说。

受限于篇幅,此书焦点集中在故事本身,而无法探讨、剖析其成因、社会背景种种。倘若要以学术论点来解说这些传说,那恐怕又非得再写一本书不可了。但我也不是学者,顶多只是

"说唱人"而已,因此求其广而不求其深,大家若有兴趣,我们还可在网络上交流讨论。且读者若觉得这类故事有趣,踊跃捧场,之后我也会继续努力,把《昔话日本》《神话日本》都给写出来。

目录
Contents

第一章　北海道地方（北海道）

小人族传说（北海道） /002

第二章　东北地方（本州岛）

第一节　三湖传说（青森县） /010
第二节　妖鬼传说（秋田县） /018
第三节　虾夷大酋长（岩手县） /022
第四节　阿古耶姬与千岁松（山形县） /028
第五节　仙台四郎（宫城县） /033
第六节　安达原鬼婆（福岛县） /038

第三章　关东地方（本州岛）

第一节　分福茶釜（群马县） /046
第二节　宇都宫钓天井（栃木县） /050
第三节　见沼田圃传说（埼玉县） /055
第四节　筑波山传说（茨城县） /060
第五节　四谷怪谈（东京都） /064
第六节　江之岛物语（神奈川县） /070
第七节　证诚寺的狸猫（千叶县） /078

第四章　中部地方（本州岛）

第一节　安寿与厨子王（新潟县）　　　　　　　　／084

第二节　黑百合传说（富山县）　　　　　　　　　／089

第三节　加贺骚动（石川县）　　　　　　　　　　／094

第四节　八百比丘尼（福井县）　　　　　　　　　／099

第五节　姨舍传说（长野县）　　　　　　　　　　／103

第六节　飞驒之匠（岐阜县）　　　　　　　　　　／110

第七节　猿桥（山梨县）　　　　　　　　　　　　／114

第八节　净琉璃姬（爱知县）　　　　　　　　　　／119

第九节　灵犬早太郎（静冈县）　　　　　　　　　／123

第五章　关西（近畿）地方（本州岛）

第一节　宇治桥姬（京都府）　　　　　　　　　　／130

第二节　琵琶法师——蝉丸（滋贺县）　　　　　　／136

第三节　皿宅邸阿菊（兵库县）　　　　　　　　　／142

第四节　妖刀村正（三重县）　　　　　　　　　　／148

第五节　葛叶传说（大阪府）　　　　　　　　　　／154

第六节　役行者小角（奈良县）　　　　　　　　　／159

第七节　道成寺缘起（和歌山县）　　　　　　　　／165

第六章 中国地方(本州岛)

第一节　因幡白兔(鸟取县)　　　　　/172
第二节　出云阿国(岛根县)　　　　　/175
第三节　桃太郎(冈山县)　　　　　　/179
第四节　稻生物怪录(广岛县)　　　　/189
第五节　无耳芳一(山口县)　　　　　/194

第七章 四国地方(四国)

第一节　浦岛太郎(香川县)　　　　　/204
第二节　阿波狸合战(德岛县)　　　　/209
第三节　河童的约定(爱媛县)　　　　/218
第四节　犬神(高知县)　　　　　　　/224

第八章 九州岛地方(九州岛)

第一节　百合若大臣(福冈县)　　　　/230
第二节　锅岛妖猫骚动(佐贺县)　　　/235
第三节　青洞门(大分县)　　　　　　/242
第四节　辘轳首(熊本县)　　　　　　/248
第五节　死人头颅的笑容(长崎县)　　/255

第六节　海幸彦·山幸彦（宫崎县）　　　　　　　　/262

第七节　火绳枪之恋（鹿儿岛县）　　　　　　　　/269

第九章　冲绳地方（琉球诸岛）

木精（冲绳县）　　　　　　　　　　　　　　　　/276

第一章 北海道地方（北海道）

小人族传说（北海道）

小人族（コロポックル）是北海道的代表传说，阿伊努语发音为 kor-pok-un-kur，意思是"款冬叶—下面—居住—神"，也就是在款冬叶屋顶竖穴居住的民族，另一解释是"款冬叶下的小人族"。所谓竖穴居住，是居住在从地面往下挖洞、铺平，再用柱子撑着屋顶的半地下室。

小人族传说地域包括北海道、南千岛、库页岛，流传范围非常广泛，是原住民阿伊努人的民间传说。小人族现已超越传说范畴，成为北海道最受欢迎的偶像，无论商店或团体，甚至娱乐设施，到处可见此名称。相关童话书籍也很多。

小人族的一般形象是身穿直筒袖上衣、直筒裤，男女服装有别，发型也各式各样。男人戴着类似眼镜的遮光器，女人则蒙面。平素以鸟、鱼贝、兽类维生，会生火吃熟食。小人族本来与阿伊努人和平相处，双方时常做以物易物的买卖，后来在十胜地方发生战争，小人族遂往北迁徙。

典型传说有二：一是"天盐"小人族，另一是"十胜"小人族。

天盐小人族

很久很久以前，北海道有一小人族，因喜爱在款冬叶下避雨，被阿伊努人称为"款冬叶下之神"。

话说某阿伊努村有位捕兔名人,凡是他所设的圈套,兔子都会自投罗网。某天,有个少年恳求该名人教他设圈套,该名人满口答应,带少年入山。

两人爬坡时,少年发现枯草中隐约可见兔耳朵,以为兔子中了圈套,便开心地往前飞奔。不料到设置圈套的地方一看,兔耳朵竟变成细长的野百合,根本不见兔子的影子。

捕兔名人很纳闷,前往第二个圈套处,只见圈子在半空摇来摇去。第三、第四个圈套亦如此。最后一个圈套竟留下了兔子粪。捕兔名人与少年百思不解。冷不防地,四周吹起一阵风,树枝沙沙作响。少年恍然大悟,说:"我知道了,这是小人族的恶作剧。听,风声中有笑声。"捕兔名人倾耳静听,果然风声中夹杂着窃笑声。原来是"款冬叶下之神"把所有兔子都藏了起来,躲在一旁偷看捕兔名人失望的模样。

▶ 北海道原住民阿伊努人与日本人文化习俗相去甚远。图为明治时代阿伊努族人留下的写真照片。

捕兔名人苦笑，他想起上回到山中捡柴时，明明将干柴聚集一处，归家前，干柴竟不翼而飞。回家后，捕兔名人才发现门口堆着那些不翼而飞的干柴。

当天夜晚，果然有人自捕兔名人家门缝中伸进小手，搁下所有中了圈套的兔子。

"款冬叶下之神"不仅爱恶作剧，也时常分食物给阿伊努人。例如，当连续几天都是暴风雨，村人无法到山中狩猎，正担忧从明天开始会食粮短缺时，就会有只小手悄悄打开窗户，送进鱼肉或野果。虽有人看过那小手，也时常可听到小人族的窃笑声，却没人目睹过他们的身姿。

某天，村里某青年到河中捕鱼。可是，不知怎么回事儿，河中不见任何鱼。青年觉得很奇怪，往下游走去，结果在浅滩发现一群鳟鱼。青年兴高采烈，正欲往前，鳟鱼群却突然转变方向，逃到对岸了。

既然如此，那就自下游追赶。青年谨慎地靠近，鱼群竟似逗弄般地又逃走了。青年暗忖，这应该是小人族的恶作剧，接着，他内心涌起了想亲眼看一眼小人族的强烈好奇心。于是，他故意在河中走来走去，甚至假装摔倒，让全身湿透，像是很认真捕鱼却一无所获的样子。最后垂头丧气地回家了。

当天夜晚，青年把门打开一条缝，在床上佯装熟睡。不久，门缝中果然伸进握着鳟鱼的小手。青年立即从床上跳起来，一把抓住那只小手，用力将对方拉进屋内。结果，眼前是个肤色白皙、全身一丝不挂的少女。她身高不到一米，嘴唇及手背，都有美丽的刺青。少女无力挣脱，既羞耻又愤怒，只能放声大哭。

小人族知道此消息后，集体抢回少女，从此消失踪影。这

▶ 根据传说雕刻而成的小人族木像,现在已成为北海道最有人气的乡土玩具了。

天以后,恶作剧事件便不再发生了。然而,当村人陷于食粮短缺时,窗口或门缝也不再出现救援小手了。

十胜小人族

古时候,当北海道仍是野生动物王国时,有一群人为寻求安居之地,溯十胜川而上。这群人正是阿伊努人口中的"款冬叶下之神"——小人族。

一行人从十胜川拐进支流美生川,顺着河流前进,眼前出现一座峡谷。众人爬到右岸丸山一看,原来美生川两岸是连绵

▷ 早期阿伊努族原住民过着渔猎生活,图为幕府末期画家平泽屏山所绘《虾夷风俗十二月屏风》中的《三月布海苔采之图》。图中所绘为阿伊努人大人小孩一起出动,到海边采集海菜的情景。

的原生林,背后是毗连日高山脉的密林。这里既有森林,又有河水,且可以防御外敌,众人十分满意,在此挖洞建造竖穴居所,安居下来。

秋天一到,成群结队的鲑鱼会逆流而上;野果俯拾即是,野生动物四处可见。美生川食粮丰富,气候温和,于是,在漫长的一段岁月里,小人族过着悠然自得的和平日子。

某年,有一个去下游狩猎的村人惊慌失措地回来报告,说下游聚集了一群身躯高大的男人,想必是追赶鲑鱼的人。这群魁梧的男人,正是阿伊努人。

小人族赶忙在丸

山上建筑堡垒，并搬来许多石头。刚准备完毕，全副武装的阿伊努人即蜂拥而至。阿伊努人的武器是毒箭，但因山上接二连三地掉落石头，无法前进，只能暂且撤退。

尽管初战告捷，但是，小人族料想敌人肯定会再度进行攻击，不敢疏忽，在丸山四周挖了许多壕沟，并打通了可以逃往其他山岭的小路，又准备了充分的飞石——除了储存食粮，还得谋划作战方式，更要加强守卫。

翌年春天，阿伊努人果然又来了。不过，堡垒筑在断崖上，小人族占据优势，二度击败了阿伊努人。

如此风平浪静地过了数年。然而，在第三次作战时，阿伊努人竟改变了作战方式，从背后密林攻进。壕沟和飞石都无用武之地，"款冬叶下之神"逐一中箭倒地。一场短兵接战后，小人族被全部歼灭。

明治时代至大正时代初期，日本学界发生了一场"小人族论战"，一方坚持小人族是阿伊努人的先住民，另一方则反对这种看法。这场论战牵涉到动物学、人类学、民俗学、考古学等各学界，最后以"小人族并非实有其人"的结论告终。但也因这场论战，让日本相关学科的发展突飞猛进，并令"小人族传说"名播天下。

虽然学界专家找不出证据证明"款冬叶下之神"的存在，但是，小人族却确实活在阿伊努人心中，也活在北海道的雨天款冬叶下及各种商店招牌上。

第二章 东北地方(本州岛)

第一节 三湖传说（青森县）

东北地方最有名的传说，大概就是"三湖传说"了。这一传说的流传范围覆盖青森县、岩手县、秋田县，而所谓"三湖"，是指青森县的"十和田湖"、秋田县的"田泽湖"及"八郎舄"。十和田湖位于青森县与秋田县境内，田泽湖位于秋田县，八郎舄则位于秋田县男鹿半岛。八郎舄现已填拓，只剩排水路和防灾调整池。

"三湖传说"主要分为四部分：八郎太郎与十和田湖、南祖坊、八郎舄、辰子姬与田泽湖。一般而言，传说并非凭空杜撰的故事，通常附会史实，只是改头换面而已。因而"三湖传说"可以看成是原住民（虾夷人）与京都大和民族的抗战历史。其间所穿插的恋爱情节，也可以看成是外来民族想抢本地姑娘（可能是族长女儿那类的吧），最终没抢成功的三角恋爱关系。当然，或许外来民族其实遂其所愿了，只是本地人不甘心，于是在传说中颠倒黑白了也说不定。另一看法则是新兴宗教与土俗信仰纷争。

八郎太郎与十和田湖

很久很久以前，秋田县鹿岛草木部落有某户人家，生下一个小公牛般的男婴，一落地便会走路。这男婴名为八郎太郎。

他17岁时,身高已6尺,孔武有力,但性情温和。

夏天时,八郎帮父母种菜,冬天雪季则和村里两个年轻人入山,合力剥椴树皮或狩猎。某天在山中,轮到八郎煮饭,他到河川汲水,发现河里有三尾岩鱼,于是抓回来串烤。烤鱼香气四溢,令人垂涎,八郎忍不住先吃了自己的一尾,因太好吃,情不自禁又吃掉了其他两尾。

饱腹后,他才发觉自己犯了禁忌。通常结伴入山干活时,有三个禁忌:不能置伙伴于不顾,食物必须平分,收获也必须平分。八郎犯了第二个禁忌。他急忙再度奔到河边,但河里已找不到其他岩鱼了。

"我竟然背叛了伙伴,简直不是人。"

八郎非常懊丧。他呆呆地望着河水,突然感到胸口很闷,喉咙很渴。他趴在河边,大口大口地喝水。忘了时间,一直连续喝。待他回过神来,抬脸一看,望见水面上自己的影子时,大吃一惊:原来八郎的肌肤长出鳞片,双眼像两颗火球,变成一条龙了。

其他两个伙伴回到山中小屋时,发现八郎不见了,一路寻至河边。这时,河里卷起一阵龙卷风,出现一条龙。两个伙伴吓得魂飞魄散,龙却开口说了人话。龙向伙伴说明了一切,并托伙伴带着自己的斧头及斗笠下山,送到自己家里。

八郎看伙伴平安下山后,不分昼夜,持续喝了33天水,最终成为30余丈的大龙。然后他堵住河流,形成湖泊,自己则沉入湖底。人们称此湖为"十和田湖"。

南祖坊

很久很久以前，京都某位公卿因被人诬告而逃离京城，千里迢迢来到岩手县三户郡灵验观音堂附近定居。公卿夫妻膝下犹虚，妻子遂闭居观音堂斋戒祈愿。21日过后，妻子果然怀孕了，之后生下一名男婴，因其祖先在南方，取名为南祖丸。但母亲不久就过世了，父亲将孩子送到五户永福寺当佛门弟子，改名南祖坊。

南祖坊13岁时，到纪州（和歌山县）熊野山修行。60年后，某天夜晚，梦中出现一位白发老翁，向他说：

你穿上铁鞋，随心所欲环游众山去吧。铁鞋鞋带断了时，该地便是你的永住之地，你就当场念诵《法华经》。

醒来后，他的枕边果然有一双铁鞋，及一根木杖。南祖坊遵从神意，周游诸国，来到十和田湖时，铁鞋鞋带断了。于是，他坐在岩石上念诵《法华经》。

此时，湖面突然风起云涌，雷雨交加，湖底出现一条八头十六角的大龙。

"我是湖主八郎太郎。是谁吵醒了我？"

"我是南祖坊。遵从熊野山神意，今日开始我是这儿的湖主。"

"这湖是我制造的，已住了几千年，怎么可以让给你？"

八郎太郎大怒，八头口中喷出火焰。南祖坊却不慌不忙，口中念诵《法华经》，并抛出手中八卷经文，经文立即化为不动明王。双方在湖上较量法术，争斗了七天七夜，最后八郎太郎败北，在倾盆大雨中飞往御仓山。

▷ 日本人对龙的概念与中国较相近,总是离不开"水"。图为明治民间画师笔下的龙腾云雨之图。八郎太郎连喝 33 天的水后,大约就是这副模样吧。

▷ 十和田湖平时风景如画,很难想象八郎太郎与南祖坊斗法时巨浪滔天的狂暴景象。

自此以后，南祖坊成为十和田湖湖主。

八郎舄

败北的八郎太郎四处流浪，想寻求有水的地方。起初，他打算堵住岩手县北上川造湖，却因当地黑狗群吠个不停，只好放弃。之后，他搬运了岩手山南部八座山，企图堵住雫石川，不料，在搬运第八座负森山时，该地山神出声大喝：

"八郎太郎，你在干什么？看看下面。"

原来山下的当地居民，因河川堵塞，水灌进田地和住居，众人正在忙着排水。八郎太郎想起自己的双亲和伙伴，再度放弃此地。

八郎太郎回到故乡，却遭众神丢石子，只得在秋田县北部米代川造湖。可是，住在附近的八座山众神，聚集了几千万只神之使者白鼠，在堤坝挖洞。堤坝决口，湖水泛滥成大洪水，八郎太郎随着浊流离去。

当八郎太郎看到男鹿半岛时，决定让米代川和雄物川冲决，搬运岩石和土砂来造湖。时值夜晚，他发现附近有灯火，挨近一看，屋内有对老夫妇正在补渔网。八郎化身为周游诸国的修行者，向老夫妇求宿。

老夫妇热情款待了八郎，黎明时，八郎向老夫妇致谢，并警告他们：

"鸡鸣时，这一带将发生洪水，变成湖泊，你们赶快逃吧。"

老夫妇急忙准备小船，将家中一切什物家具都搬到小船上，但他们动作太慢了，小船还未入水，拂晓第一声鸡鸣就响起了。

不知情的八郎太郎，在鸡鸣响起时，立即呼风唤雨，顿时，骤雨狂风，轰雷闪电，两条河泛滥成大洪水。八郎察觉水面上有艘小船时沉时浮，知道船里正是那对亲切的老夫妇，于是他马上跃进水里，将老爷爷捞到东岸岩石上，将老奶奶捞到西岸岩石上。

经过一昼一夜，洪水逐渐平息，新湖泊形成了。八郎太郎沉入湖底，成为新湖湖主。人们称此湖为"八郎潟"。

八郎太郎造十和田湖时，因犯了山中禁忌，湖内没有任何鱼虾。但造八郎潟时，由于救了老夫妇，声名大振，鱼虾及候鸟都慕名而来。

辰子姬与田泽湖

某天，候鸟告诉八郎，说离八郎潟不远处的驹之岳山脚，有个田泽湖，湖主名为辰子姬，她独自生活了几千年，是个很美丽的姑娘。

根据候鸟诉说，辰子姬的出身背景如下。

很久很久以前，驹之岳山脚还未有湖泊时，这一带有位全村公认的丽人，名为辰子。某天，辰子入山摘山菜，在河边饮水止渴，不经意间看到自己映在水面上的面貌。她看得入迷，首次发现原来自己竟如此美。

这天以后，辰子判若两人，每次看到村里的老太婆，她总是很担忧自己会老去。于是她便每夜到大藏山观音堂祈愿，但求永不衰老。第100天夜晚，观音菩萨现身，告诉辰子：

"你到北边山中找泉水，只要喝了那泉水，就可以如愿了。"

这时已是雪季,无法入山,所以辰子一直等到春季,和村里女孩结伴入山。她找到泉水时,喜不自禁,忘我地不停地喝。结果跟八郎太郎一样,她在不知不觉间竟变成一条龙。

辰子的母亲闻讯,和同村人举着火把入山,发现山内多了个从未看过的湖泊。母亲扬声呼唤女儿名字,湖中出现一条龙,向母亲说:

"我已经离不开水,无法跟您回家,但往后您若需要鱼时,我一定会送鱼过去。"

母亲悲叹不已,却也无法可施,只得垂头丧气地回家了。从那以后,每当母亲想吃鱼时,家里的水槽就必定会出现鱼。而山中那湖泊,被人们称作"田泽湖"。

八郎太郎听毕,暗忖,辰子应该很寂寞,遂动身前往田泽湖。岂知,他来到田泽湖一看,竟发现仇敌南祖坊也来向辰子求亲。仇人相见,分外眼红,双方又大打起来。这回是八郎太郎获胜,把南祖坊赶回了十和田湖。

如此一来,八郎太郎便和辰子结为夫妇。每逢秋季,八郎会到田泽湖和辰子共同生活,春季时再回八郎潟。因此,据说田泽湖在冬天不结冰,但八郎潟则会结冰。

第二节　妖鬼传说（秋田县）

汉武帝（前156—前87）是汉代第六位皇帝，名刘彻。根据中国台湾地区通行的汉语辞典，他的生平如下：

> 汉景帝之子，16岁即位，为汉代第六位皇帝。在位时，文治武功鼎盛。文治方面，改变汉初以来沿用的黄老治术，罢黜百家，独尊儒术；立乐府，集民歌；采司马迁等人之议，修改历法，以正月为岁首。财经方面，采桑弘羊之法，收盐税，铁、酒公卖，统一货币为五铢钱，实行平准与均输法，使国库大增，社会繁荣。武功方面，武帝改汉初以来对匈奴和亲纳币的消极政策，积极用兵。一面派张骞通西域，一面派卫青、霍去病等人征讨匈奴、南越、西南夷及朝鲜，扩增版图。其时东西文化交流，南海商务繁盛。在位54年崩，享年71岁。庙号武帝。

光看以上介绍，汉武帝的版图应该只到朝鲜而已，不知为何，他竟突然出现在日本秋田县男鹿半岛，而且在男鹿市本山安居下来。据说他是来寻求长生不老药的。来时，他骑着白鹿，身旁带着化为五只蝙蝠的妖鬼，分别为眉间、逆颊、眼光、首人、押领。传说这五名妖鬼对武帝非常忠实，武帝却严酷地使唤他们，命他们每天辛勤工作。不过，每年一月十五日这天，汉武帝都准许众妖鬼下山，让他们到村落里为所欲为。5个妖鬼一到村里，不但随意抢夺食物，更谩骂叫嚣，甚至抢夺年轻女孩。

村人受不了，便跟妖鬼下了个赌注：要是妖鬼能在天亮之前，用石头铺制1000级石阶，那么，每年在这天，必定准备充足食物恭候，并奉上一名女孩。妖鬼答应了，并立即利用法力开始铺制石阶，眼看天亮之前即将完成，村人慌忙在第999级台阶铺成时模仿公鸡啼声，定下胜负。众妖鬼因输了，气急败坏地拔起身边的千年杉树，倒栽葱地插进地面。

从那以后，村人深恐妖鬼报复，每逢一月十五日，就让村里的年轻男子假扮妖鬼，造访家家户户，接受款待后，"妖鬼"再回山。

▶ 面貌狰狞的妖鬼，常吓得小孩子哇哇大叫。

这就是秋田县男鹿半岛的传统仪式"NAMAHAGE"(なまはげ),为国家指定的日本的重要无形民俗文化遗产,也是男鹿半岛的代名词。

汉武帝的传说或许过于荒唐,但另一种说法就比较具有现实意味了。

据说,很久很久以前,有一艘船随波漂流至男鹿半岛。船上的人,都是长着红毛碧眼的外国人。他们大概在海上漂流太久,一上岸,便高兴得大呼小叫,叫嚷的语言又是当地人听不懂的番语。这群外国人后来住进了门前永禅院,每年巡回各村落一次,千级石阶则是他们用滑车和特殊技术铺成的。

第三种说法则是真山、本山、毛无山的修行者在下山来乞讨食物或衣物时,因其长期闭居山中,相貌骇人,村人才将其看作妖鬼。真山、本山、毛无山通称"男鹿三山",均是六七百米的山,位于半岛西海岸。平安时代以来,此三山即为天台宗修行者的道场。

总之,此传统仪式分布在整个半岛

▷ 妖鬼也有可爱的一面,它们经过设计后,成了秋田县最出名的乡土玩具了。

全域，妖鬼面具及身上的稻草服装或许略有差异，但仪式的举行方式都是装扮者手持木制菜刀和水桶，踏着深雪，一路"喔……喔……"大叫，一家一家吃过。往昔是一月十五日，现在则改在除夕夜进行。

能装扮妖鬼的只限年轻男子，而且是从未与异性接触过的童子。无论是事前准备或是仪式进行中，女性都绝不能参与。另外，一年中，若家中有人过世或生产，或除夕夜刚好有病人，或新盖了房子，妖鬼就不会进门，只在门口踏步而已。因为妖鬼是给家家户户带来吉利的象征，若进入上述这些人家，恐怕会染上"污秽"，带到下一户人家。

仪式举行时，行进路径都于事前定好，妖鬼不能往回走。妖鬼身上的稻草服装在大踏步或装模作样吓人时会掉落，这些掉落的稻草直至翌日早晨，都不能打扫。也可以捡拾这些稻草将其搓成绳子，挂在门口避邪，或放进浴缸泡汤以求健康。

妖鬼通常两人或三人成一组，据说，该年扮演妖鬼的人，若做过坏事或平素心术不正，在其戴着面具造访人家途中，心境真的会变成妖鬼那般，想胡作非为，而且通常会于仪式结束前昏厥倒地。

第三节　虾夷大酋长（岩手县）

▷ 征夷大将军要征讨的是虾夷酋长阿弖流为。图为这位"大名鼎鼎"的"恶路王"流传后世的面具造型。

延历八年（789年，中国唐德宗贞元五年）九月，纪古佐美主将所率领的征夷军，个个垂头丧气地自陆奥国（东北地方）归京。京城人对此议论纷纷。

"听说征夷军打败了，好不容易才逃回来。"

"可是，征夷军不是有52000人吗？怎么可能敌不过虾夷人呢？"

"那边有个'大名鼎鼎'的恶路王啊。"

"恶路王是谁？"

"就是虾夷大酋长ATERUI，这人擅长战术，神出鬼没，征夷军人数再多也没用，人家不过几百人，就能把征夷军整得团团转。"

ATERUI（アテルイ）的汉字是"阿弖（日音te）流为"，汉字可能是大和朝廷为便于记录而取的，真正的名字应该只是一个虾夷语发音而已，没有对应的汉字。

当时对京城人来说，陆奥国是神秘之国，狂暴虾夷人之国，距离京城6000千米，是一个以狩猎为生的骑马民族。

根据败将述说，5万多征夷军于三月九日抵达多贺城。多贺城是奈良时代设立的东北地方经营据点，位于宫城县多贺城市，距离作为虾夷大酋长据点的"胆泽"（ISAWA，岩手县水沢市）约100千米，算是平安时代的边境行政军事基地。

征夷军抵达多贺城后，开始北上。来到北上川时，全军迟迟不敢前进。北上川东岸那边就是虾夷人的天地，迄今为止没有任何京城人踏进去过。何况对方是骑马民族，随意渡河的话，不知会受到何种反击。

但桓武天皇频频遣人来催促，主将纪古佐美只好硬着头皮入境。先遣队2000人渡河后，果然与300名虾夷兵遭遇，这时，虾夷军似乎毫无防备，落荒而逃。主将见状，心中暗喜，赶忙下令全军进击。

待主力军全部渡河后，虾夷人竟蜂拥而出，集体射箭。刚渡河或还在河中的征夷军，根本无力迎击，即便想逃，在河中也行动不便。如此一来，据说遭斩杀的有25人，遭箭射杀的有245人，而在河中溺死的竟多达1036人，抛掷武器及衣服、赤身裸体游回来的有1257人。不知这些一丝不挂的士兵，是否也是全身精光地逃回多贺城的。

京城的殿上人听到败将如上描述，个个吓得缩头缩脑，无一不在内心庆幸自己不是征夷将军。

"纪古大人也真倒霉，好不容易才拾回一条命，还要背负惨败恶名。副将回来已半个月了，一直卧病在床，听说每晚都会做噩梦。"

"只要那个恶路王活在世上，恐怕任何人都无法平定陆奥国。"

"话虽如此,换个角度来说,只要有人平定了陆奥国,不是表示那个人肯定可以升官吗?"

"说的也是,既想升官,又怕丧命……有没有两全其美的方法?"

"有。回家做白日梦去。"

众公卿中,唯独田村麻吕暗自为阿弖流为鼓掌喝彩。或许是英雄惜英雄,田村认为这位虾夷大酋长虽是敌人,其行为却令人敬佩。

田村万万没想到,自己有朝一日竟能与这位虾夷英雄短兵相接。

桓武天皇即位以来,始终想达成两大国家目标:一是建设平安京,另一是征服虾夷。尤其后者,事关桓武新王朝的威信,

▶ 恶路王虽与大和朝廷敌对,最后毕竟融入日本历史文化之中。1994 年值逢平安京迁都 1200 年纪念,京都清水寺特别竖立"阿弖流为·母礼之碑",彰显恶路王,一笑泯恩仇。

因此桓武天皇非常执着，三番五次派遣大军远征。

陆奥国国府多贺城建设于奈良时代神龟二年（724年），之后，大和朝廷又在多贺城北方建筑了伊治城，更北方是觉鳖城，以此三城为据点，屡次远征虾夷。但将近70年过后，改朝换代至桓武天皇时，北上川东岸那边，依旧不受中央朝廷所控制，是虾夷人的王国。其首领正是恶路王阿弖流为。

虽说在陆奥国有据点，但对虾夷人来说，三城只能说是三个"黑点"而已，毫无势力可言。大和朝廷是想统一全日本，而虾夷人只想维持迄今为止几千、几万年来的自由山野生活而已，也因此，对陆奥国人来说，大和朝廷是侵略者。彼此立足点不同，才会令陆奥广大原野开出朵朵血花。

桓武天皇命田村麻吕为征夷副将后，远征军足足准备了三年。延历十三年（794年）元旦，远征军自京城出发，兵力10万。这在当时应该是规模空前的大军团。六月开战，十月末，天皇接到报告，说斩首457人，俘虏150人，另缴获85匹马，烧毁85个虾夷村落。然而，征夷军10万，仍无法攻破虾夷根据地胆泽。恶路王不愧是虾夷大酋长。而这一年十月，也是桓武天皇迁都、平安时代开幕之年。

延历十五年（796年），田村升任征夷大将军，正值40岁壮年。田村真正和恶路王交锋是在延历二十年（801年）二月，换句话说，自从他踏进陆奥国之后，整整7年，都无法接近恶路王一步。

双方激战了两个多月，田村不想让这位虾夷英雄死于战火，用尽了种种方法与恶路王交谈、劝降。四月十五日，阿弖流为大酋长终于伴同盟友MORE（モレ），以及500余名部下，向田村投降了。

　　田村带着两位虾夷头领回京。他曾为两人向天皇请命，可是，众公卿却深恐一旦让两人再度回到陆奥国，不知何时又会举兵造反。八月十三日，两位虾夷英雄就在河内国（大阪府）杜山被处斩。

　　日后，田村为了纪念这位虾夷英雄，在恶路王巢窟达谷窟，建立了毗沙门堂，石壁上雕刻着180尊佛像。

▶ 田村麻吕英雄惜英雄,虽不能救下恶路王之命,却在他死后,建立昆沙门堂以示纪念。

第四节　阿古耶姬与千岁松（山形县）

很久很久以前，在京城位于奈良的那个时代，有位贵族名为藤原丰光，奉命远赴陆奥国当国司。他的女儿阿古耶姬也随父亲赴任。他们在山形县山形市千岁山山脚平清水定居，逐渐习惯了乡下的生活。

阿古耶姬擅长管弦，貌美如花，时时因思念京城而弹奏古筝。某天夜晚，她正在弹琴时，不知从何处传来一阵笛声，那笛声的音色令人神怡心醉。阿古耶姬环视四周，发现篱笆外站着一位眉清目秀的青年。青年只是专心吹笛。似乎不是本地人。阿古耶姬感到很奇怪。

第二天夜晚，第三天夜晚，每当阿古耶姬弹琴时，那位青年总会出现，和着琴声吹笛。如此日子一天天过去，不知不觉中，阿古耶姬也爱上了那位青年，终于在某个月夜与之成为夫妇。

青年只自称"名取左右卫门太郎"，无论阿古耶姬如何追问，他都不肯吐露自己的身世。阿古耶姬也就放弃了询问。她很满足目前的生活——每夜与夫婿并肩弹琴吹笛，有说有笑，这样就十分幸福了。

然而，别离的日子还是到来了。

某夜，青年突然向阿古耶姬坦白了自己的身份。

"其实我是千岁山的老松精灵。因你的琴声很美，情不自禁地化为人形,来到你的身边。"

阿古耶姬大吃一惊。青年继续伤感地说:"我本来打算在你有生之年,一直守在你身边。但是,如今已无法如愿。明天我将被砍伐,成为架在名取川上的木桥。"

阿古耶姬惊慌失措,搂住青年。青年又说:"最后有件事想拜托你。请你明天拉我一把。"

说毕,青年化为一阵青烟,消失了。

第二天清早,阿古耶姬哀痛欲绝地爬到千岁山山顶,果然看到众多村人砍伐了一株老松树。但当众人把松树运到横跨山形县与宫崎县的"笹谷峠"时,松树竟纹丝不动。仿佛舍不得离开阿古耶姬,在做最后的抵抗。阿古耶姬见状,想起昨晚青年说的"拉我一把",于是上前对村人说:"请让我拉这株松树吧。"

村人虽觉莫名其妙,却仍将粗绳交给阿古耶姬。阿古耶姬温柔地抚摸松树,在内心向松树告别,然后轻轻地拉动绳索。结果,她轻而易举地拉动了松树。

此后,阿古耶姬在老松树墩旁盖了座草庵,又种了一株小松树,以祭奠老松精灵。阿古耶姬最后在草庵内过世,遗骸埋在小松树根旁。日后,人们称那株松树为"阿古耶松"。

阿古耶姬留下一首和歌:"不能砍伐。不能折枝。这是吾夫左右卫门宿树。松寿,千岁,千岁。"

这正是千岁山的由来,也是万松寺的起源。而"千岁松"这词,用在男女关系上,是"海枯石烂情永驻"之意。

之后,又过了300多年,即京城迁到"平安乐土"的那个时代,宫内有位歌人名为藤原实方,某天于赏花宴席上,作了

▶ 江户画师尾形光琳笔下年轻的藤原实方,公卿打扮,风度翩翩,不愧为平安朝出名的歌人。

▷ 幕府末期浮世绘画师葛饰北斋笔下的藤原实方,造型已变,当是遭到天皇贬斥,寻找阿古耶松时的落难模样。

一首和歌。这首和歌备受好评，但另一位歌人因嫉妒而诽谤他。藤原实方大怒，将那位歌人的乌帽打落。一条天皇罚他"去找那有名的阿古耶松"。

阿古耶松的故事在平安时代仍非常有名，却因年代久远，已不知其所在地了。天皇说，只有找到那株松树，才会恢复实方的殿上人身份。藤原实方只得千里迢迢前往陆奥，终于找到了阿古耶松。

然而，归途路经三轮笠岛（宫城县）时，实方没在当地人信仰的道祖神前下马，想骑着马通过，结果遭到天谴，从马上摔了下来，死于非命。

藤原实方的女儿中将姬，接到讣闻后，也追随父亲来到千岁山。当她在平清水村想渡河时，看到清澈的河水映出了自己的容貌。原来经过长途跋涉，她已变得"无奈姿容九十九发（白发），吾身面影可耻川"。日后，人们称那条河为"耻川"。

中将姬终生都在万松寺祭祀阿古耶姬与父亲。千岁山万松寺现仍存有阿古耶姬、藤原实方和中将姬的坟墓。

"阿古耶"发音为"AKOYA"，取自"AKOYA贝"（珍珠贝），意思是"珍珠"。

第五节　仙台四郎（宫城县）

如果你到仙台，无论去饭馆吃饭或在酒吧喝酒，甚或在土产品店闲逛，都可能会遇见一位端正跪坐、对你呵呵笑的男子。别以为那男子是仙台市的昔日伟人，他其实比伟人更厉害，是福神"仙台四郎"。也就是仙台市的"招财猫"。

▷ 笑眯眯的仙台四郎寓意"招财进宝"，是商家的最爱。

仙台四郎是真实人物，本名芳贺四郎，江户末期生于某枪炮商家，排行老四，家境似乎还不错。7岁那年，他因掉落河里，昏迷了几天，自此成为智障儿。他只会说"ba-ya"或"ba-yan"这句话，智商发达程度虽未满1岁，躯体却比常人健壮，有个老是剃得精光的大脑袋，一双大象般无邪的小眼睛，以及终年笑得合不拢的嘴。

四郎时常在仙台市内溜达，心血来潮时会主动帮店家扫地，肚子饿了更会随手取走摆在店里的商品，或干脆到饮食店要吃食。当然，有些店家会如赶苍蝇般赶走他，但有些店家则会不嫌弃地给他扫地小费，或随他吃吃喝喝。

奇怪的是，视四郎为瘟神的商店或旅店，不知为何，必定走向衰败。而平素随他自由来去的店铺，生意则愈做愈好。只要他在的地方，四周一定充满笑声。哭个不停的婴儿，一旦被他抱在怀中，也会马上停止哭泣，咯咯笑出声来。时日一久，众商家便视他为福神。

成为福神以后，四郎理应去哪里都可以，但不知为何，某些店家再怎么奉承讨好，他就是不屑一顾。这更加强了他的神话性。

由于他生前最常去的地方是妓女游廊或唤艺妓来陪客的"料亭"（日式酒家），因此，他的"福气"似乎对饮食或酒馆那类的店铺特别有效。仙台市的这类店铺几乎都挂有他的照片。

有人说，那是因为四郎家本为仙台藩主伊达家的枪炮指南（现在成为烟火制造业），专门指导仙台藩枪炮职人制作枪炮，家境非常富裕。每逢四郎在外面吃吃喝喝时，事后，家里一定会遣人送钱给商家，因此才会受欢迎。

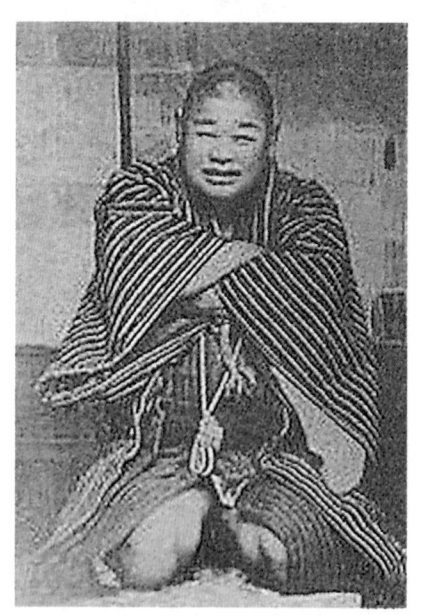

▶ 仙台四郎实有其人，图为他最为人所知的传世照片。

另一种说法更荒唐（却格外有真实感）。据说四郎的阳物非常巨大，约30厘米，而他又时常让他的"儿子"堂而皇之地暴露在太阳底下，因此走到哪里就有人跟到哪里。四郎在妓女游廊或料亭受欢迎，似乎也是基于这点，因为这可以让酒席热闹起来。真相如何，已不可考。

　　总之，四郎生前是个神秘人物，仅能根据当时的新闻报道《仙台日日新闻》中的记录，得知他在明治十一年（1878年）十月八日，曾受一位娼妓照顾。明治三十一年春天，四郎在仙台与三原良吉相遇。三原良吉是仙台某钟表大铺子掌柜的儿子，两岁时遭"神隐"（指被妖怪或神明掳走）而行踪不明，后来有人发现四郎抱着良吉走在街上，良吉手中还捧着一大袋糖果。最后是明治三十五年（1902年）左右，四郎被人发现死在福岛县须贺川，享年47岁。大概当地没人知晓四郎的事，也就没人照顾他的日常生活吧。

　　无论真相如何，四郎之所以在明治时代成为地方性传说人物，在第二次世界大战后的昭和时代又成为全国性传说人物，在平成时代更跃居百货公司性质的——什么都灵的"福神"，归根结底，我想，应该都在于《四郎手巾》这首诗吧：

　　　　商売はあきないとう　　（生意别名是买卖）
　　　　それはおもしろくて　　（那是因为很有趣）
　　　　しかたがないから　　　（有趣得令人受不了）
　　　　あきないなのだ　　　　（所以才又叫买卖）
　　　[译注："商い"（买卖）和"厭きない"（不厌烦）发音一样，都是"akinai"]
　　　　いつもおもしろいから　（因为始终很有趣）
　　　　笑売がたえないから　　（因为老是笑颜开）
　　　　"笑売"となる　　　　　（所以才又叫"笑卖"）
　　　　"いらっしゃいませ"　　（欢迎光临）

"ありがとうございます"　　（谢谢光临）

いつも活発だから　　　　　（因为总是很活泼）
"胜壳"となる　　　　　　　（所以才又叫"胜卖"）
あきない商売を　　　　　　（这么有趣的生意）
おもしろくないと　　　　　（要是感到很无趣）
思っているとすぐあきる　　（就会马上不耐烦）
いつも不平不満や　　　　　（于是牢骚又不满）
愚痴がでて心が次第に　　　（终日埋天又怨地）
傷ついて　　　　　　　　　（心灵逐渐受创伤）
"伤壳"となってしまう　　　（就会变成是"伤卖"）

こんなお店には　そのうち（这种商店不多久）
誰もよりつかなくなり　　　（没人光临没人坐）
"消壳"となって消えてしまう（最后终于成"消卖"）
"笑壳"をしているのか　　　（你是在做"笑卖"吗）
"伤壳"をしているのか　　　（你是在做"伤卖"吗）
"胜壳"をしているのか　　　（你是在做"胜卖"吗）
あきない商売をしているのか（你在做不厌烦的生意吗）
［译注："商壳"［生意］、"伤壳"、"消壳"、"笑壳"、"胜壳"发音都一样，syobai。］

▷ 宫城县的商家广告、传单等，不时可见"福神"仙台四郎的踪影。

第六节　安达原鬼婆（福岛县）

▶ 奥州安达原观世寺里所陈列的鬼婆人偶造型。

　　从东京车站搭东北新干线（约 80 分钟）至福岛县郡山车站，再转搭东北本线（20 分钟）到二本松车站，最后搭出租车或巴士（10 分钟），便可抵达位于阿武隈川东岸的安达原。

　　安达原位于安达太良群山的山脚，平安时代时，此处是一望无际的荒野，自古传闻住着个鬼婆。三十六歌仙之一平兼盛曾留下一首和歌：

　　みちのくの安达ヶ原の黒冢に（陆奥安达原黒冢）
　　鬼こもれりと闻くはまことか（有鬼据守可真否？）

　　平兼盛于 991 年过世，这是他生前的作品，由此可见，"安达原鬼婆传说"自平安时代中期就已盛行，且流传至 1000 多年后的现代。

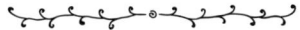

很久很久以前，在通往陆奥国的途中，有一片无边无际的荒野，名为安达原。放眼望去，安达原上都是茅草，杳无人烟，河边有许多奇岩怪石，对旅人来说是途中难以逾越的关隘之一。不得不在此过夜的旅人，通常会躲进河边石群的石洞中。

不知从何时开始，旅人之间开始流传："安达原住着个鬼婆。"

听说这鬼婆在石群中搭了个茅舍，每逢有旅人借宿，便会伺机杀死旅人，吸吮其鲜血，吃食其人肉。连当地人都不敢接近。

某天，有位云水僧路经安达原。他是阿阇梨东光坊佑庆，在纪州熊野修行后，踏上漫游诸国之途，正打算前往陆奥国。

当他跨进安达原时，已至黄昏，四周逐渐昏暗起来，横渡荒野的秋风，呼呼作响，听起来就像是鬼哭狼嚎。佑庆心无旁骛地往前走，暗忖道，只要穿过荒野，应该就可以找到能借宿的人家了。

走着走着，佑庆突然发现远方有盏朦胧的灯火。他松了一口气，快步朝那灯火前进。来到目的地一看，原来在巨大的岩石旁，有间简陋茅舍。微弱灯火的来源正是这间茅舍。

佑庆上前叩门呼唤，出来一个相貌骇人的老太婆。她白发蓬松，目露凶光。

"你是哪国人？要去哪里？"

"我是周游诸国的僧人，入夜来到此地，无灯无火，进退两难……能不能借宿一夜？"

老太婆让佑庆进门。屋内不见其他人。这老太婆为何在如此荒凉的地方，架个茅舍独居？佑庆虽满腹狐疑，但只要能躲过一夜雨露，对方也算是他的恩人了，所以他没有进一步探问。

老太婆说要去捡柴回来生火，佑庆感激不尽。但老太婆临出门时，再三叮嘱佑庆，千万不能开门窥看里边的石室。

为什么？里边的石室有什么秘密吗？佑庆其实也无意去窥看老太婆的闺房，可是，根据他周游诸国的经验，这老太婆确实很可疑。附近没有人家，老太婆以什么为生？她为何会过着远离尘世的日子？

佑庆不由自主地推开石室的门。瞬间，一阵恶臭扑面而来。他定睛一看，原来石室里面堆满了骷髅、骸骨，一旁有柴刀、炉灶、锅子，还有装着肝肺的瓶子。

"原来此处正是传闻中那个安达原鬼婆的居所！"

佑庆慌忙背上竹篓，三步并作两步奔出茅舍。不久，老太婆回来，看到屋内空无一人，石室门敞开着，顿时怒不可遏。

"那家伙竟偷窥了我的秘密。可恶！他应该逃不远……"

两人在漆黑荒野中追追逃逃。佑庆自恃自己是男人脚力，老太婆肯定追不上。不料，虽是男人脚力，却因不熟悉这一带地形，在他离茅舍约 800 米时，老太婆的叫声已逼近身后。

佑庆只得停下脚步，卸下竹篓，取出观世音菩萨像，口中喃喃念诵咒文。如此重复了三次，佛像突然飞向上空，明光四照，把荒野照得通亮。观世音菩萨放出手中的金刚矢，刺中了老太婆。

临死之前，老太婆断断续续地说出了自己的身世。老太婆名叫岩手，年轻时是京城某公卿府邸的奶妈。为了医治自己亲手抚育的公卿小姐的病，岩手听信了占卜师的话，四处寻求"孕妇胎儿的活肝脏"。

不知不觉中，岩手流浪到安达原，在此搭了间茅舍定居下

▶ 观世寺镇寺之宝——手提头颅、目露凶光的鬼婆画像。

来。15年后,果然有对年轻夫妇来此借宿,而且那年轻妇人是名孕妇。当天夜晚,孕妇阵痛来临,丈夫出门寻求药草,岩手认为时不再来,便用柴刀剖开孕妇的肚子,取出胎儿肝脏。岂知,孕妇断气前竟说,她是来寻找自小离散的母亲的。岩手从孕妇行李中,找出一个护身符,那正是当年她离开京城前,交给亲生女儿的纪念品。原来岩手杀死了亲生女儿及她还未落地的外孙。

从那以后,岩手就化为鬼婆,专门杀害旅人了。

佑庆日后于鬼婆丧身之地建造了观音堂,正是现在的天台宗真弓山观世寺。寺内有鬼婆当年居住的石窟,宝物馆内则有相传是鬼婆的柴刀、煮人肉的锅子碎片、肝脏瓶子等物。寺外有鬼婆的坟墓——"黑冢"。

能乐谣曲《黑冢》,是能乐集大成者世阿弥的女婿金春禅竹于14世纪室町时代时所作的。1762年上演的净琉璃人偶剧《奥州安达原》,则是近松半二、竹本三郎兵卫两人合作的。翌年,又被改编为歌舞伎剧。

明治3年(1870年),杵屋胜三郎又依照谣曲歌词,编曲了长谣(三弦曲)《安达原》。昭和14年(1939年),初代猿翁和木村富子又合作创作了新歌舞伎舞蹈《黑冢》,现在仍是猿翁家艺"猿翁十种"中的名作之一,时常上演。

"安达原鬼婆"可以说是全日本众所周知的传说,若从佑庆生前的奈良时代算来,已有1260年的历史了。文明会进化,传说当然也会进化。这回我亲自到安达原取材,才发现经过当地人"包装"的传说内容,跟我迄今为止从戏剧、能剧、书籍中所了解的"鬼婆",有点不一样。这才发现原来传说也会进化。

▷ 在日本，一提到"黑冢"，几乎就是指鬼婆传说。

▷ 观世寺因为鬼婆传说而成了观光名寺，干脆把鬼婆当成招牌了。

第二章 「关东地方(本州岛)」

第一节　分福茶釜（群马县）

群马县馆林市茂林寺的开山祖师是正通禅师。庆永三十三年（1426年），正通禅师在云游诸国的归途上，碰到一位背着铁锅的和尚。和尚跪地恳求禅师收他为弟子。禅师虽吃了一惊，却也爽快地带他回到茂林寺。

和尚名为"四角"，禅师认为这个名字不好听，便为他取名"守鹤"，命他做寺院所有杂事。守鹤非常勤快。尤其每逢施主在寺院做法事，聚集众多亲朋好友时，守鹤送出的茶都美味可口，备受好评。

守鹤与禅师邂逅时背的铁锅，也跟守鹤一起被带到茂林寺。守鹤总是将铁锅搁在火盆上，咕嘟咕嘟地煮开水。正通禅师过世后，守鹤依旧留在寺院，服侍代代住持。

元龟元年（1570年），第七代住持月舟和尚举行了千人法会，可是，寺院没有能提供千人份茶水的铁锅。正当众人不知如何是好时，守鹤捧着他带来的那口铁锅，将其搁在茶堂火盆上。奇怪的是，无论倒多少开水，铁锅内的开水总是不减分毫。于是人们便称这口铁锅为"紫金铜分福茶釜"。"分福"是"让大家享福"之意。

之后，守鹤仍留在寺院服侍代代住持，直至第十代天南住持那时。算算，守鹤已在寺院待了161年。天正十五年（1587年）某天，守鹤午睡时，住持发现他手足长出兽毛，臀部也有一条大尾巴。此刻守鹤才坦白自己乃千年狸猫化身的秘密。说毕,守鹤便消失了踪影。

江户后期随笔《甲子夜话》卷三十五以及《耳袋》卷八中,内容虽不同,但都记载着这个传说。后来这个传说被改写为童话,传遍全日本。

此故事还有插曲。话说不知是第几代住持时,一位茂林寺和尚发现那口铁锅竟会长出手脚,自己跳舞,认为那锅是妖物附身,遂将其卖给旧货铺。旧货铺主人干脆开了个观戏棚子,让众人来参观会跳舞的铁锅。而且这口铁锅还会走钢索,替旧货铺主人赚了不少钱。但旧货铺主人深恐因果报应,最后还是将铁锅还给了寺院。自此,茂林寺便视铁锅为镇寺之宝而将其珍藏了起来。

不过,这段插曲还有个前因,据说四角跟正通禅师邂逅之前,曾住在某村落荒废的寺院中。四角把寺院打扫得干干净净,

▶ 一进入茂林寺所在的群马县馆林市,触目所见,不是狸猫雕像,就是分福茶釜。

早晚按时念经，颇受村人信任。不知从何时开始，四角用随身带来的铁锅烧茶水，边敲木鱼边跳舞，彻夜不眠。村人很好奇，跑来探看究竟，竟也跟着四角一起喝茶，整晚跳舞，白天不再出门种田了。

村里几位长老为此伤透了脑筋，只得跟四角谈判，要他带着铁锅离开村落。之后，四角才跟着禅师来到茂林寺。

据说茂林寺的"分福茶釜"周长1.2米，重11.2千克。时至今日，每年仍有众多香客到茂林寺参观"分福茶釜"。茂林寺参拜道两旁并列着一排造型滑稽的狸猫雕像，拜殿旁则有"守鹤堂"。

▶ 茂林寺参道旁，各种造型滑稽的狸猫雕像，排成一排站迎宾客。

▷ 千年狸猫"守鹤"露出原型，若有所思——月冈芳年笔下的分福茶釜传说。

第二节　宇都宫钓天井（枥木县）

元和八年（1622年）四月，第二代将军德川秀忠到日光东照宫举行德川家康七周年忌辰法事，途中预定在宇都宫城过夜。

当时宇都宫城城主是本多正纯。正纯的父亲正信是德川家的重臣，也是家康最信赖、最器重的家臣。家康在世时，幕府政权几乎都掌握在正信父子俩手中。家康过世后，秀忠逐渐排斥或疏远上一代重臣，加上正纯以前时常压制秀忠，更单独处理家康遗产，并只分遗物给御三家，没给秀忠任何东西，剩下的家康遗产全收藏于德川家金库久能山。因此，对秀忠将军来说，正纯应该是他的眼中钉。

正纯始终是家康的参谋，引发大阪战的主谋者之一是他，之后填平大阪城内外护城河，让大阪城毫无还手之力的人也是他。正纯本来只是三万三千石大名，家康过世后，他以家康遗言为由，元和五年（1619年）移封至十五万五千石的宇都宫，致使前任城主奥平忠昌搬到十一万石的下总古河（千叶县）。这为日后之事种下了祸根。

奥平忠昌的祖母是家康的长女，也就是二代将军秀忠的姐姐龟姬，龟姬的女儿则是大久保忠常的正房。正纯父子以前就曾策谋让大久保家出状况，龟姬本来就恨正纯恨得要死，这回正纯竟以家康遗言及营造东照宫为由，把她心爱的孙子赶到一个鸟不生蛋的地方，这口气她怎能吞得下去？

▶ 1636年日光东照宫落成,庆祝仪式很盛大。后来被绘成了参诣图屏风,鸟居前的舞台上演员正在大跳特跳猿乐《三番叟》。该屏风现藏江户东京博物馆,此为局部。

于是，龟姬趁这回弟弟到东照宫祭拜时，遣人快马加鞭送了一封密信给弟弟。密信中说宇都宫城内天花板设有机关岩石，正纯打算暗杀将军，除杀害负责兴工的"根来同心"百人之外，还偷运并储存了大批枪炮。秀忠因此没在宇都宫城过夜，连夜兼程赶回江户。

所谓"根来同心"，本来是和歌山县根来寺僧兵，擅长枪炮，与"伊贺同心""甲贺同心"一样，都是忍者流派，是德川幕府的谍报组织之一。太平时代为将军直属部下旗本身份。正纯因改建城堡，人手不够，而向幕府借调了他们。

不过，德川家正史《德川实纪》中却记载，十四日启程那晚，秀忠曾在宇都宫城过夜，参拜东照宫后，十九日踏上归途。中途因接到将军夫人病况恶化的消息，一行人才变更行程，急速赶回江户。书中将龟姬密信一事描述为"世人传说"。

同年八月，幕府以其他罪名罢黜正纯，命他移封至五万五千石的出羽国由利郡（秋田县）。不料，正纯竟一口拒绝了。秀忠

▷ 宇都宫钓天井事件众说纷纭，不断被改编成戏剧。图为1956年中川信夫导演的电影《怪异宇都宫的天井》。

因此大怒，又将他移封至仅有一千石的出羽国横手，并判他流刑，让二十万五千石的久保田藩主佐竹义隆负责监视他。

义隆本来相当厚待正纯，幕府得知后，下令义隆将正纯看作罪人，义隆只得将正纯幽闭在横手，在其住屋钉上木板，除了送三餐，不准任何人出入。正纯如此过了14年幽闭日子，直至73岁病殁那年，始终没能获释。其子孙则以三千石旗本身份幸存。

正纯的罪状是否属实？当然不是。若当真在自己管辖的城内谋划暗杀将军的话，不要说是谋臣正纯了，连小孩子也明白后果会是如何。杀害"根来同心"百人也非事实，只是，幕府虽派遣"根来同心"到宇都宫城帮忙，但他们以自己的旗本身份为由，坚持其没必要为大名工作，与工程奉行发生冲突，正

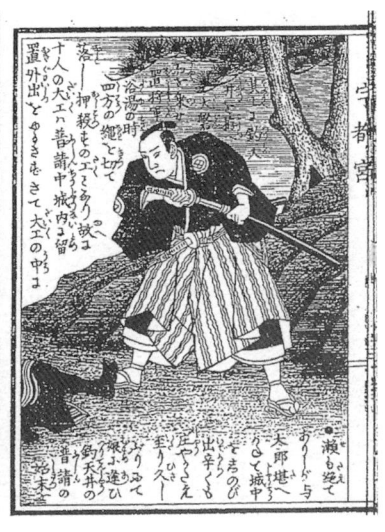

▶ 明治年间东京金寿堂年出版的《宇都宫钓天井绘本实录》内页，现藏于日本国会图书馆。

纯才杀了几名首谋者。这是正纯的错，即便他曾为家康参谋，也不应该杀掉现任将军直属部下的旗本。另外，他违背幕府规定，擅自增建本丸（内城），偷运枪炮等也是事实。

200多年后的文政时代（1820年左右），后人将上述传说改编为戏剧、评书，成为闻名全国的传说之一。

正纯的父亲正信生前曾谆谆教诲过儿子，千万别拜领三万石以上的国土，否则会惹祸招灾。还是父亲聪明，正纯若不强行移封宇都宫，从三万石大名跳至十五万石大名，或许不会有如此结局吧。

宇都宫城在幕府末期的"戊辰战争"中，成为新选组土方岁三率领的幕府军与新政府军的攻防要地，如今早已化为灰烬。目前，宇都宫市投入36亿日元，正在复原内城的一部分壁垒及两座瞭望楼，希望使其成为观光资源，招徕更多观光客。

第三节　见沼田圃传说（埼玉县）

埼玉县埼玉市一带，以前有个大沼泽，传说那里自古以来便住着一条龙神。龙神是沼泽主，也是沼泽内所有生物及四周村落的守护神。

江户时代中期，第八代将军德川吉宗命老土木工程师井泽弥惣兵卫将沼泽开垦为稻田。井泽弥惣兵卫原本是农民身份，因其掌握土木技术知识，28 岁时成为纪州藩士，负责治水。纪州藩主成为第八代将军后，他也随之晋升为幕臣，获得旗本身份。

井泽着手开垦时，已将近 70 岁了。他先下令瓦解有百年历史的八丁堤，排出沼泽内的湖水，众多鱼虾因此丧生。龙神大怒，出手阻挡工程，有时让工程发生事故，有时让工人集体发烧，但都没有用。老工程师意志坚强，非要将这片沼泽开垦成稻田不可。

束手无策的龙神，某天化为年轻女孩，向老工程师哭诉，恳求他停止工程，拯救沼泽里的生物。不料老工程师反倒老泪纵横地恳求龙神：

"人也是生物，不将此地开垦成稻田，沼泽附近的村民都会饿死。我不但想开垦稻田，还想开辟圳道，并在岸边种树。一旦完成，生存环境好转，那么，水里的生物、周围的人们都能共存共荣……拜托你让我成功吧。"

龙神听后，不发一言，唤来风雨升天而去，让出沼泽给老工程师，老工程师最后也成功开垦出 12 平方千米的稻田。如今那一带虽因都市化而早已变形，却因环境保护做得很好，许多地方都成为公园或不准开发的农地、山林，目前依旧是东京首都圈内规模最大的绿地。

　　因范围很广，关于见沼田圃各地有不少传说，我挑两个比较著名的与大家分享。

萤火虫宫

　　很久很久以前，见沼沼泽旁住着一个很会吹笛子的女孩，名叫小笛。某个夏夜，小笛边吹笛子边在沼泽附近散步，远处

▶ 见沼田圃如今因都市化，仅见残留的灌溉圳道了。图为该地雪景。

也传来了美妙的笛声。

"是谁在吹笛子？"

小笛倾耳静听，纳闷地边吹边走。远方笛声愈来愈近，小笛终于放弃吹笛子，顺着笛声方向前进。不久，来到一座古井旁。笛声似乎来自井底。小笛凑近一看，发现井内有数不清的萤火虫交错飞舞。

"好漂亮的萤火虫！"

小笛刚说完，便有只大萤火虫自井内飞出，在小笛四周一闪一闪眨巴着眼。小笛看得入迷，情不自禁脱口而出：

"你是不是萤姬？"

萤火虫忽前忽后地飞舞，像在招呼小笛"跟我来，跟我来"。

"刚才的笛声是你吹的？"

萤火虫更急促地眨巴着眼，仿佛在说"快跟我来，快跟我来"。

于是小笛跟在萤火虫后前行。走了一会儿，眼前出现一片竹林，竹林内有一栋美轮美奂的宫殿。有位侍女在竹林前等候，看到小笛，她立即打躬说：

"我们宗姬已恭候多时，请跟我来。"

小笛随女侍进入宫殿，见了萤姬。萤姬对小笛说：

"每次都听到你吹的悦耳笛声……擅长吹笛的小笛姬呀，请你务必听听我们的故事……"

根据萤姬描述，原来往昔此处有座城堡，男人们为了打仗，一去不返。城内只剩老弱妇孺。见沼龙神见状，于心不忍，遂将他们化为萤火虫。成为萤火虫后，获得新生命的他们仍不忘每年集体吹奏往昔太平岁月时爱吹的笛子。只是，能够发出笛声的时间，只限萤火虫开始发光前的那一刹那。

萤姬说得簌簌泪下，小笛也听得泪眼汪汪。

回到村落后，小笛向村人讲述了萤火虫一族的身世。村人便为萤火虫一族建筑了一座供养塔。小笛的笛声，也经常在供养塔旁与萤火虫一族互相应和。

魔笛妖女

很久很久以前，大约在室町时代，有位美女每天傍晚都在见沼沼泽旁吹笛。因其笛声音色非常柔美，村里的年轻男子听到笛声，总会情不自禁地循着笛声方向追探过去，谁知却均一去不返，从未有人回来过。

在数十名年轻男子行踪不明后，村人再也无法坐视不管了，于是村子便集会商讨对策。

人们猜测"这大概是沼泽主龙神对村落有什么怨恨，故意吹笛吸引年轻男子，让他们全陷进沼泽了"。

为了安抚龙神的愤怒，村人便在沼泽旁盖了一座供养塔。

吹笛妖女的消息传到远方的京城后，有位武士特地千里迢迢来到东国，想要确认妖女的真面目。

他在沼泽旁耐心等待，傍晚时分，果然听到一阵温柔的笛声，还看到一位美女随笛声缓缓挨近。武士默不作声地拔刀砍去，刹那间，烈风狂飙，雷鸣轰隆，下起了倾盆大雨。

隔天早上，武士回到原地察看，发现地面上掉落了一支笛子。武士遂将笛子献给该地的鹫神社。

▶ 鹫神社拜殿，因为位阶只属"村社"，显得有点寒碜，连唤神的摇铃都没有。

数年之后，有位高雅的老妇人到神社求见，恳求神官让她看一眼笛子。神官再三婉拒，老妇人却苦苦哀求，神官只得拿出笛子给老妇人看。

老妇人说："我能不能吹吹看？"

神官答应了，老妇人开始吹起笛子。因笛声太温柔，神官听着听着竟打起盹来。待他回过神儿来时，老妇人和笛子竟已不知去向了。

神官急忙跑到神社外问附近的农民，农民说：

"刚才神社内的确传出温柔的笛声，之后飘起一朵很美丽的云，飞到天上去了。"

神官这才恍然大悟，那老妇人可能是沼泽主龙神的化身，来向神官要回笛子的。

第四节　筑波山传说（茨城县）

▶ 筑波山神社早享大名，江户时代经过三代将军家光整顿后，更成为江户名刹，登山参拜者络绎不绝。

茨城县有很多历史人物传说——日本武尊、平将门、源义家（镰仓幕府开创者源赖朝的祖先）、亲鸾、水户黄门德川光国等。传说当然并非史实，但通常是当地居民对当时的英雄事迹或自然环境的情感投影。

在717—724年撰写的《常陆国风土记》中，篇首第一句是"常陆国司（县长之意）解，申古老相传旧闻事"。换句话说，以下的筑波山传说诞生的年代，其实比8世纪初更早。筑波山传说原文如下：

古老曰，昔神祖尊，巡行诸神之处，到骏河国福慈岳，卒遇日暮，请欲遇宿。此时，福慈神答曰：新粟初尝，家内讳忌，今日之间，冀许不堪。于是，神祖尊恨泣詈告曰，即汝亲，何不欲宿，汝所居山，生涯之极，冬夏雪霜，冷寒重袭，人民不登，饮食勿奠者。

更登筑波岳，亦请容止，此时，筑波神答曰：今夜虽新粟尝，不敢不奉尊旨。爰设饮食，敬拜祈承。于是，神祖尊欢然讳曰：爱乎我胤，巍哉神宫。天地并齐，日月共同。人民集贺，饮食富丰。代代无绝，日日弥荣。千秋万岁，游乐不穷者。是以，福慈岳常雪不得登临，其筑波岳，往集歌舞饮吃，至于今不绝也。

▶ 江户时代所绘的神社平面图，相较于一般寺院的拥挤，筑波山神社空间可说疏朗宽敞许多了。

所谓"福慈岳",就是富士山。

根据现有史料,富士山最早的火山喷发记录是 781 年,直至 1707 年最后一次喷发,其间总计爆发 10 次(不包括小喷发或地动之类),富士五湖之一的山中湖形成于 937 年,因此《常陆国风土记》中的"福慈岳",周遭的自然环境跟现在的富士山应该迥然不同。

总之,我虽深信中文圈的读者看得懂上述日本古文,但我仍认为翻译成白话文比较有平民味:

很久很久以前,众神之母曾环游全日本,去探望分散各地的儿女神。某天,她抵达静冈县时,凑巧太阳已下山,于是她打算到最疼爱的女儿神福慈家过夜。这个女儿的容貌在众儿女中是最漂亮的一个。

但这个女儿生来任性妄为,从小只顾自己的心情,不理他人的生死。见到母亲不请自来,福慈很不高兴,说:

"目前正逢收获祭仪式,必须绝食 7 天,不能见任何人,所以即便是母亲大人,也不能让您在此过夜。"

众神之母吃了闭门羹,捶胸顿足,号啕痛哭,破口大骂:

"我是你母亲,你竟胆敢这样对待我?好,为了证明老母的力量不减当年,老娘诅咒你往后你的家跟你的心一样,永远槁木死灰。不仅冬天,连夏天也冰天雪地、草木不长,没人愿意来给你献酒献膳。你给老娘记住!"

之后,众神之母又到了与富士山对望的茨城县筑波山。筑波山是夫妇神,这对夫妇很亲切,对疲惫不堪的众神之母说:

"我们家也正逢收获祭仪式,不过既然是母亲大人的要求,当然不能拒绝,请您想住几天就住几天,住到您腻了为止。"

▶ 筑波山有男体山跟女体山两个山头,女比男高 6 米,远远望去,却很难分得清楚孰男孰女。

众神之母听后,欢天喜地,向夫妇神说:

"既然你们这样款待我,我也得礼尚往来。我祝福你们世世代代都歌舞升平,莺歌燕舞,鸾凤和鸣,锦衣玉食。"

因此,在 21 世纪的今天,富士山半山以上依旧草木不生,而筑波山不但有缆车、空中吊车、柏油路,山顶还有餐厅以及土特产店,平安时代更是男女对唱恋歌的名胜。

话又说回来,筑波山有男体山与女体山两个山头,男体山高 871 米,女体山高 877 米。简单来说,是老婆比老公高。只是,搞了半天,我还是不清楚,体贴孝顺的筑波山夫妇,到底是众神之母的女儿女婿,还是儿子媳妇哩?

第五节　四谷怪谈（东京都）

第五代将军德川纲吉施政下的文治政治，史称"元禄时代"。这一时期的经济、文化均有大幅发展，町人逐渐抬头。

话说这一时期，四谷左门殿町住着一位弓箭枪炮步兵组同心（下级公役御家人），名为田宫又左卫门。他因平素视力欠佳，不方便工作，就打算让独生女阿岩招赘，把职位让给女婿，然后退休过隐居生活。不料阿岩患上天花，痊愈后满脸痘疤，右眼上也有个大斑点，头发蜷缩，变成了丑女。当时阿岩21岁。

不久，又左卫门病逝。其同僚想让阿岩招赘，以继承又左卫门的职位，却因上述理由，没人肯入赘。下谷有个名叫又市的男人，向来能言善辩，极有口才，同僚便找他商讨。又市说，只要多给礼金，他一定会替又左卫门家找到女婿。

又市果然没食言，真找来一位女婿的人选，是个名叫伊右卫门的摄州（大阪、兵库）浪人。伊右卫门是个美男子，当时31岁。又市用花言巧语说服了伊右卫门，带他到阿岩家相亲。但只有阿岩的母亲出来应对，不见阿岩的人影。阿岩的母亲推说女儿急病卧床，无法见客。

那个时代的武士阶级，婚姻观念跟现代人不同，只求门当户对及传宗接代而已。伊右卫门又是浪人，急需阿岩家三十俵三人扶持的俸禄。三十俵是十二石，一百二十斗米。一人扶持是一天五合米，年间一石八斗，三人扶持则为五石四斗。总计十七石四斗。因此，阿岩家虽是下级武士御家人，最起码有俸禄，又有幕府提供的住居——御家人拜领的土地约100坪。

双方把亲事谈妥，决定在该年8月举行婚礼，入赘条件是15两——并非阿岩家付15两给伊右卫门，而是伊右卫门付15两给阿岩家。简单来说，就是伊右卫门买了阿岩家的"同心职位"。当时"门第"是一种股份，幕府末期有不少庶民就是花钱买到武士身份的，因此，武士世界中的"入赘"跟商家的"入赘"意思不一样。

伊右卫门虽于事前曾听过又市提起，说新娘不是美姑娘，但反正他的目的也不在老婆的容貌，而是门第，因而早做了心理准备。但当他在婚礼那天看到阿岩的真面目时，几乎昏厥过去。世上哪有这么丑的女子？可也没办法了，伊右卫门只好硬着头皮喝下喜酒。

婚后，丈母娘跟阿岩都非常厚待伊右卫门。丈母娘还好，但丑媳妇的痴心却令美男子的日子过得如坐针毡。翌年，丈母娘过世了。家中失去润滑剂后，伊右卫门愈来愈无法忍受丑女的殷勤及深情。

这时，弓箭枪炮组内有位组长，也就是伊右卫门的上司，名为伊藤喜兵卫。这人人品很差，陷害同僚，贪财好贿，在组内很讨人厌。他没有正式的夫人，却有两个年轻的爱妾。有一天，其爱妾之一阿花怀孕了。喜兵卫此时已50出头，但他仍不想养孩子，嫌累赘，于是打算把阿花连同腹中的孩子送给别人。然而送给别人却必须花一大笔钱。

左思右想，他想到伊右卫门，因为他记得伊右卫门说过极为厌恶家中那个丑老婆。于是他唤来伊右卫门，对他说：

"你若肯要阿花和她腹中的孩子，我保证照顾你一辈子。"

两人一拍即合。伊右卫门问喜兵卫："该如何才能与我家那

'妖怪'分手？"

"那很简单，我教你一个方法。"喜兵卫说了他的办法。

自这天开始，伊右卫门便时常在外过夜，挥霍无度，并擅自典当家中的衣服或家具。没多久，家中生活即陷于窘境，阿岩只得辞掉唯一的下女。

某天，喜兵卫遣人到阿岩家，吩咐阿岩于夜晚到喜兵卫家一趟。因为喜兵卫是丈夫的上司，阿岩不敢不听。她前往喜兵卫家后，喜兵卫对她说：

"你知道你的夫婿在外都干了些什么好事吗？他不但沉迷赌博，还帮一名妓女赎身，整天泡在妓女家。至今我已袒护过他好几次，再这样下去，万一让奉行（组内最高长官）知道，不但田宫家会失去门第俸禄，你也会流落街头。你劝劝你的夫婿好不好？"

阿岩听后又羞又气。虽是下级武士家庭，但她毕竟一出生就接受武家教育，禁不起这种耻辱。回家后，阿岩看到大门依旧深锁，屋内毫无动静，看来今晚夫婿似乎又打算在情妇家过夜了。

翌日早上，伊右卫门回来了。他责备阿岩为何昨晚不在家，害他无法进门。其实伊右卫门昨晚就躲在喜兵卫家，隔着纸门偷窥阿岩的反应。阿岩辩解，说昨晚组长传唤，所以到喜兵卫家去了。伊右卫门不信，连踢带打地把阿岩打得披头散发。

阿岩到喜兵卫家哭诉，表示要直接向奉行告状。喜兵卫赶忙阻止，好言相劝：

"你身为武家媳妇，应该知道这样做对你不好，哪有媳妇告自己夫婿的状的？这样好了，你干脆离婚，到外面做两三年事，到时候我再帮你找个好夫婿。伊右卫门因买了田宫家的职位，当然不能离开田宫家，可你这样下去也得终身过苦日子，你觉得如何？"

喜兵卫好不容易才说服阿岩，离婚条件是归还过去伊右卫门典当的衣服给阿岩。那些衣服，伊右卫门根本就没有拿去典当，而是都偷偷藏在友人家，当然马上满足了离婚条件。如此这般，伊右卫门顺利迎阿花进门。

　　阿岩则经由喜兵卫介绍，到某位御家人家当住宿缝纫下女去了。虽然她仍留恋伊右卫门，不过，无须受气的日子也确实轻松。某天，有个男人来找阿岩，他是以前阿岩的父亲仍在世时，时常来卖烟草的行商小贩。他对阿岩说：

　　"阿岩小姐，你知道伊右卫门迎娶喜兵卫爱妾阿花的事吗？他在外花天酒地的事，都是为了想把你赶走而编出来的骗局啊。"

　　阿岩听后恍然大悟，本来就很丑的阿岩当下化为女鬼夜叉，烟草小贩见状吓得慌忙逃走。阿岩随后也奔出大门，自此行踪不明。

　　翌年，阿花生下女儿，取名阿染，当然这是喜兵卫的骨肉。之后，阿花又跟伊右卫门生了3个孩子。田宫家的日子过得安安稳稳。田宫家长女14岁那年的盂兰盆节，一家人在院子乘凉时，窄廊尽头突然出现一个女子身影，频频呼唤：

　　"伊右卫门，伊右卫门，伊右卫门……"

　　呼唤了三声，随即消失。伊右卫门为了除邪，在屋内放了三枪空弹。结果，当时才3岁的幺女竟因枪声而出现急性惊厥，请医生来救也未抢救过来，就那样断气了。以此为开端，田宫家陆续发生怪异之事：伊右卫门时常看到阿花身边有男人的影子，或半夜醒来时，发现有个陌生男人睡在阿花身边。要不然就是排行老三的儿子在院子看到过世的妹妹，频频叫哥哥背她。而这个儿子也因看到妹妹的幽灵而发高烧，一个月后撒手尘寰。接下来是阿花，莫名其妙地突然过世了。排行老二的长男也因

▶ 歌川丰国笔下,歌舞伎名剧《四谷怪谈》中丑女阿岩惨遭丈夫背叛,幽灵含冤作祟。

霍乱去世。换句话说,伊右卫门的骨肉全都离开了人世。伊右卫门只得让长女阿染招赘。

某天暴风雨来袭,雷电交加,疾风吹走田宫家的屋顶。伊右卫门到屋顶修理,不小心失足滑落到地面,腰骨受创,全身无法动弹,躺了几天就死了。田宫家由阿染的夫婿继承。但阿染25岁那年,突然病逝,她的夫婿也因宅子内老是发生怪事而发疯了。如此这般,幕府便收回了田宫家的俸禄,田宫家因此而断后。

而且不知怎么回事,所有相关人员,包括喜兵卫一家,家中均怪异连连,家人接二连三病逝。

虽没人目睹过阿岩的幽灵,传闻顶多是出现在伊右卫门家窄廊尽头的女子身影,以及那三声呼唤而已,但世人议论纷纷,认为这一定是阿岩自尽后作祟的结果。日后,人们在田宫宅子

▷ 同为歌川丰国所画的《四谷怪谈》浮世绘，阿岩的造型更加恐怖。

遗迹上盖了于岩稻荷神社，以祭奠阿岩。

100多年过后，71岁的第四代鹤屋南北写下《东海道四谷怪谈》，将阿岩的传说编进"忠臣藏"故事，把伊右卫门设定为赤穗藩浪士，并让阿岩因喝下毒药而成为丑女，再加上许多当时的社会事件，于1825年首演，大受好评。后来因这幕剧实在太受欢迎了，又独立出来成为个别剧目。

直至今日，《四谷怪谈》仍是歌舞伎剧杰作之一，也是日本怪谈文艺作品的代表作之一，更是被改编为电影最多次的故事。

第六节　江之岛物语（神奈川县）

很久很久以前，神奈川县镰仓市深泽那一带，有个方圆40里的大湖泊，住着一条五头龙。这条五头龙时常为非作歹，不是引起山崩地裂，就是唤来大水，要不然便是喷火把农作物烧个精光，或让时疫流行。五头龙尤其喜欢吞噬小孩，这点最令附近的村人恐慌。这当中有个村落名为津村，津村村长家的16个孩子，全都丧命在五头龙的毒手之下。村人为安抚五头龙，只得答应定期挑年轻女孩当牺礼。

钦明天皇十三年（552年）四月十二日，附近海域突然发生异变。当天，天摇地动，大海呼啸，怒潮澎湃。异变长达10天。二十三日辰刻，骚动平息，海面升起一阵浓雾，浓雾那头远远传来美妙的乐音，四面香气芬馥，有位天女乘着五彩云朵，左右各跟随着一名女童，自天而降，与此同时，海面也出现了一座小岛。这就是现在的江之岛，天女则为江岛神社内的弁财天女神。

五头龙也看到了天女，且对天女一见钟情，因相思病而废寝忘食，梦断魂牵，若有所失。某天，他终于前往江之岛，向弁财天女神求婚。无奈女神柳眉倒竖，杏眼圆睁地说：

"你那么残忍，一点慈悲之心都没有，我怎么可能跟你结为夫妇？"

▷ 江岛神社最有名的青铜鸟居，鸟居前也是热闹的市集所在。

无论是神是鬼，只要先爱上对方，就算你有三头六臂，也只能乖乖俯首听命。五头龙当然也不在话下。他当下发誓要痛改前非，重新做人（做龙？）。而且，他也果真没有失约：旱季时，普降甘霖滋润农作物；秋令时，以身阻挡台风海啸。弁财天女神被他的诚意所感动，不禁动心，终于答应跟五头龙成亲。

岁月流逝，五头龙逐渐衰老，临死前，他对弁财天女神说：

"我死后，会化为山岳，永远保护你和村人。"

说毕，五头龙渡海到江之岛对岸，化为一座山，就是现在藤泽市的片濑山，龙口处名为"龙之口"。村人通称此山为"龙

▷ 从神社高处往下看内陆,可发现来参拜弁财天女神的人,可真多啊。

口山",并在山脚建立了祭祀五头龙的龙口明神社,神体是五头龙木雕像。目前每隔60年仍会举行一次"巳年式年祭"。祭典当天,当地人会抬着五头龙神轿,渡海到江之岛让夫妇神重温旧梦。

时代往后推移,时值江户时代前期。庆长十五年(1610年)生于伊势的杉山和一,本为藤堂藩某家臣的长男,小时候因病失明,将户长职位让给妹婿,只身到江户学习针灸之法。

他拜在针灸名师山濑琢一门下,却因生性手拙且忘性大,再怎么努力也无法习得技术,最后被师傅逐出了师门。回乡途中,想到日后将终身成为妹婿家的米虫,杉山痛不欲生。

路经江之岛时(江之岛和大山是当时相模两大道场),杉山想起弁财天女神,于是渡海到江之岛,向弁财天女神祈愿,并在洞窟内绝食7天。结愿之日,杉山拖着虚弱的身子下山,途中被大石头绊到而摔倒。因绝食了7天,身子很虚弱,他就这样昏迷不醒了。

不知过了多久,杉山突然感觉一阵类似针扎的痛楚,回过神儿来时,失明的他竟然看到眼前站着弁财天女神。这时,他又感到一阵刺痛,伸手摸索,发现有个细竹筒,里面装满了尖锐的东西。他又用手指触摸,方才恍然大悟,竹筒里装的原来是松叶。瞬间,杉山脑中闪过一道亮光:是啊,先把针放入管内,就不用担心会一再扎错地方了……这一定是弁财天女神赐予的启示!

之后,杉山又去京都拜入江丰明为师,继续埋头学习针灸。入江丰明的父亲是山濑琢一的师傅,祖父则是丰臣秀吉医官的徒弟。杉山结合两派技法,终于创造了独一无二的管针法。

他再度来到江户,开业设馆。新技法果然大受好评,风声传到五代将军德川纲吉耳里。纲吉有腰痛的宿疾,他抱着死马当活马医的心情,召唤杉山进城。没想到新技法竟医好了将军的腰痛。将军大喜,问杉山:

"你想要什么奖赏?不用客气,如实说来。"

杉山想了一会儿,才回说:

"我只希望至少有只眼睛。"

对于这个要求,将军一时无法作答。沉思了许久,将军方才下令:

"好,没问题,就给你一只眼睛!"

将军赐予杉山位于"本所一目"约1900坪的宅地,并任命杉山为关东总检校。"检校"是盲人最高官职,除了针灸,还有三弦、筝曲、评曲、按摩。杉山在一目开设了杉山流针治导引训练所,这是当时全球首创的视障者训练学校。目前该地遗迹有一半成了江岛杉山神社(东京都墨田区)。

杉山于1694年病逝,享年85岁。其坟墓位于江之岛,是藤泽市指定的文化遗址。

镰仓时代,江之岛还有个悲恋传说。

话说镰仓名刹建长寺广德院有位自休和尚,为了向江之岛弁财天女神祈愿,单独一人来到江之岛。爬到山顶时,自休迎面遇见一老一少两位和尚。自休看到那美少年和尚,立即神魂颠倒,情不自禁地上前问道:"你叫什么名字?"

▶ 歌川丰国笔下《名所八景》之一的《江岛晴岚》。

少年和尚默不作声,身旁的老和尚代答:"我们是镰仓相承院小僧,他叫白菊……"

还未说毕,老和尚便催促白菊往前走。

自休依依不舍地目送一老一少下了山。

这天以后,自休便陷于无法自制的单恋地狱。醒时白菊,睡时也白菊,脑里充满了白菊的形影。终于无法自已地跑到相承院。然而,白菊态度冷淡,拒自休于千里之外。

无奈,愈是拒绝,恋情之火便燃得愈旺,这本就是人之常情。一个月过去了,两个月过去了,不但自休无法熄灭自己内心那把熊熊之火,白菊也逐渐心猿意马起来。

可怜的美少年僧,终于在某夜,单独一人渡海到江之岛,在扇子上留下一首辞世诗后,纵身跳进江之岛的南岸深渊。自休听闻消息后,悔恨不已,没多久也留下一首辞世诗,同样跳进江之岛的南岸深渊。自此以后,人们称那深渊为"稚儿渊"("稚儿"即少年僧)。

附带一提,江之岛同时也被称作"猫岛""鸢岛"。

鸢,俗称老鹰,外形跟鹫类似,但尾巴形似鱼尾,鹫的尾巴则呈扇形。整个小岛上空都有老鹰盘旋,数量多得会令人想起希区柯克的《鸟》。仰头往上看,甚至连尾巴形状、羽毛色泽都能看得一清二楚。而且它们不怕人,会径直冲下来抢夺观光客的便当。

至于猫,据说岛内大约有1000只,这些猫也不怕人,有些猫甚至大大咧咧地躺在山路中央或路边的石头上,任游客乱摸。每只猫都被游客养得胖嘟嘟的。据说这些猫以前多半是弃猫,加上在岛内繁殖,越生越多,就变成目前这种情况了。岛内土特产店路旁多设有捐款箱,这些捐款不是用来为猫买吃食的,而是猫的避孕专款。目前已有四分之一的猫都是"中性猫"了,大概可以控制繁殖了吧。

这些鸢及猫,应该算是每年上千万游客与岛民的共同宠物吧。

第七节 证诚寺的狸猫（千叶县）

千叶县木更津市的证诚寺（歌词误写成"证城寺"了），是江户初期建立的净土真宗寺院，但几乎所有日本人都知道此寺院，因为这座寺院是童谣《证诚寺狸猫歌》的主角。

很久很久以前，不知是第几代的证诚寺住持很喜欢弹三弦，每天工作结束后，他总是坐在窄廊里观看院子，随兴弹三弦。

某个中秋明月夜，住持照例在窄廊弹三弦，结果院子里出现了大小不一的百只狸猫，个个倾耳静听住持的三弦。寺院附近往昔通称"铃森"，柏树、松树茂密，又有竹林，连白天也很昏暗，正是狸猫喜欢筑巢的地方。

望着专心聆听的众狸猫，住持暗忖，难道狸猫也听得懂三弦音色？

过了一会儿，一只看似头目的狸猫，竟和着三弦旋律拍起肚子手舞足蹈起来。其他狸猫也用叶片做的笛子伴奏，边吹边舞。住持大喜，愈弹愈有劲儿。

如此人狸合奏连续了

▶ 证诚寺的狸猫是木更津的"名物"，所以铁路车站也以此为记戳。

三夜。第四夜,不知怎么回事儿,住持左等右等,就是不见狸猫出现。住持很失望。

第二天早上,住持巡视了正殿四周,发现狸猫歌舞团的头目躺在地上,已然断气。而且狸猫的肚皮已破裂。原来这只狸猫因热烈捧场,用力拍打肚子,竟把肚皮给拍破了。

▶ 证诚寺的狸猫实在太出名了,当地下水道铁盖干脆把歌词都写上去了。

住持伤心地埋葬了这只狸猫,并为它的坟墓取名为"狸冢"。

大正十四年(1924年),诗人野口雨情以此传说为素材,写下童谣歌词,并由中山晋平作曲。住持与狸猫的故事因而名传全日本。

现在每年十月下旬,寺院都会举行"狸猫祭",让当地小学生表演住持与狸猫的歌舞剧。

千叶县"证诚寺的狸猫"、群马县茂林寺的"分福茶釜"、爱媛县松山市的"八百八狸物语",是日本三大狸猫传说。至于童谣,我想,凡是日本人,应该都会唱:

　　しょう　しょう　証誠寺　　（证、证、证诚寺）
　　証誠寺の庭は　　　　　　　（证诚寺的院子）
　　ツ　ツ　月夜だ　　　　　　（月、月、是月夜）

みな出て来いコイコイ　　　（大家出来快出来）
おいらの友だちゃ　　　　　（我们的各位朋友）
ポンポコポンのポン　　　　（砰砰砰的砰）

負けるな　負けるな　　　　（不能输，不能输）
和尚さんに負けるな　　　　（不能输住持喔）
来いコイコイ　来いコイコイ　（来来来，来来来）
みな出てコイコイコイ　　　（大家都出来出来）

しょう　しょう　証誠寺　　（证、证、证诚寺）
証誠寺の萩は　　　　　　　（证诚寺的胡枝子）
ツ　ツ　月夜に花ざかり　　（月、月、月夜下盛开）
おいらは浮かれて　　　　　（我们很高兴）
ポンポコポンのポン　　　　（砰砰砰的砰）

▶ 昭和初期的小学音乐课本里，便收录了野口雨情的《证城寺狸猫歌》。

第四章 中部地方（本州島）

第一节　安寿与厨子王（新潟县）

▷ "安寿与厨子王"的传说，在民间广为流传。昭和早期的儿童文库，就收录了这个故事。

"想念安寿呀，HO—YAREHO，想念厨子王呀，HO—YAREHO，鸟若有生命，快快逃跑呀……"

佐渡岛外海府鹿浦某农家院子，坐着个老妇人，口中哀伤地重复着上述歌句，用手中的棒子赶走飞到院子啄食粟子的小鸟。她双目失明，衣衫褴褛，却不失高雅气质。

这也难怪，她原本是陆奥（青森县、岩手县）太守岩木判官的夫人，本应过着富贵的日子，却因丈夫蒙受冤罪而被流放到筑紫（九州）。当时两个孩子还小，等孩子长到10多岁，她便带着两个孩子前往筑紫寻访丈夫。不料，途中来到越后（新潟县）时，上了人口贩子的当，母子三人自此各分东西。

母亲被卖到佐渡岛当下女，后因遭虐待而成为盲人，只能每天坐在院子里赶鸟。两个孩子，姐姐是安寿，弟弟是厨子王，都被卖到丹后（京都）某乡豪山椒大夫家当下人。

因老母亲每天哀歌"安寿呀，厨子王呀"，遂成为附近小孩

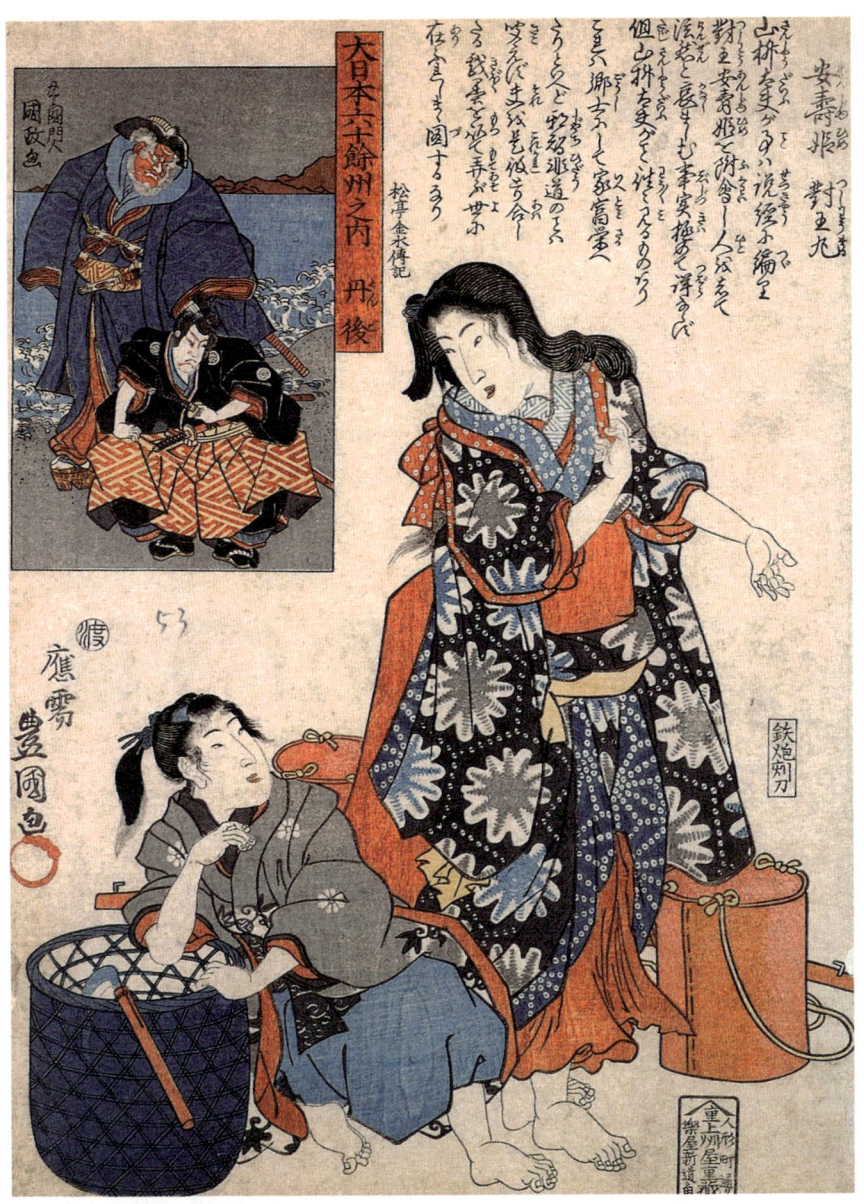

▶ 浮世绘名师歌川丰国也画过"安寿与厨子王"的故事,可见这个传说流传之广。

们嘲弄的目标。只要有人大呼"我是安寿"或"我是厨子王"时，老母亲总会喜不自禁地往前摸索，挨近声音的来源处。日复一日，年复一年。致使老母亲每逢听到呼唤声，都习惯地先举起棒子乱打一番。

某天，老母亲又听到有人呼唤：

"母亲大人，母亲大人，你还认得我吗？我是安寿，我是安寿呀！"

对方抓住盲目老妇人的手，跪在她的膝前。当老妇人情不自禁地想搂住对方时，又想起可能是附近孩子的恶作剧，于是她挥起棒子打了下去。

"你们又来捉弄我？真是坏胚子！坏胚子！"

对方发出悲鸣，却仍不放开双手，紧紧缠住老妇人的双腿。

▶ 文豪森鸥外改写"安寿与厨子王"的传说，成为小说《山椒大夫》；导演沟口健二将之拍成电影，获得威尼斯影展银狮奖，轰动一时。

原来她是真正的安寿。但老妇人愈打愈生气，待对方的随从赶来时，衰弱的安寿已抓着老妇人的双腿断了气。

　　随从含泪诉说，厨子王和安寿在山椒大夫家，受尽了各种折磨，后来经由某寺院住持相助，逃到丹后。而且厨子王又蒙某朝廷公卿助力，已替父亲洗清冤罪，现已成年，继亡父之后成为陆奥太守。因得知母亲被卖到佐渡岛，姐弟俩便前来寻找母亲。

　　老母亲听后，抱着女儿的尸骸痛哭流涕。她将女儿葬在中川上流。归途中，老母亲在相生町与厨子王相逢，用清水洗了眼睛，竟恢复了视力。于是厨子王母子恭立"洗眼地藏"以表谢意。

▷ "安寿与厨子王"的传说早已成为全日本的"公共财"。图为京都府宫津市由良川入海处的两姊弟塑像。

但老母亲因误杀亲生女儿，懊悔之余，眼泪变成毒泪，致使当地人在民谣中叮嘱"中川水不能喝，一天流三次毒"。

以上传说源于平安时代，江户时代宽永年间（1624—1644）成为说经净琉璃歌词，森鸥外又于大正四年（1915年）将之改写为小说《山椒大夫》，由此广为人知。森鸥外在小说中，让姐姐安寿帮弟弟自山中脱逃后，于归途投河自尽，故事也在母子相逢时结束。但净琉璃中，姐姐安寿是遭山椒大夫拷打致死，也有厨子王于日后复仇的一段。而姐姐安寿遭亲生母亲打死的情节，则为当地自古流传下来的内容。

新潟县佐渡岛往昔是放逐罪犯的孤岛。最有名的罪犯大概就属世阿弥和日莲圣人了。

第二节　黑百合传说（富山县）

佐佐成政是织田信长的家臣中最勇猛的武将，也是最忠心赤胆的一位，与为了保全家门而不时变节的前田利家形成鲜明对比。

他历经越前（福井县）的朝仓之役、三河（爱知县）的长筱合战、石山本愿寺的一揆（农民武装起义）讨伐，接二连三建立武功，天正九年（1581年）终于成为越中（富山县）五十四万石守护大名。

天正十年（1582年）发生本能寺之变，改写了天下大局。抢先诛讨明智光秀为亡君复仇的羽柴秀吉（丰臣秀吉），逐渐掌握主君家的实权。这对心服信长、曾发誓不事二君的成政来说，是不能坐视不管的事。直性子的成政，跟信长遗孤织田信雄一起拜托德川家康，于天正十二年（1584年），在小牧（爱知县）长久手与秀吉开战，但擅长见机行事的家康，竟与秀吉缔结了和议。成政这时正向已投奔秀吉的前田开战，奇袭了末森城。

怒不可遏的成政，打算亲自前往远州（静冈县）浜松，催促家康重整旗鼓。这正是史上有名的"立山行"。现代的立山、黑部已有公路，观光客可以轻易进入日本阿尔卑斯山脉或黑部峡谷。但当时那里完全没有路，而且正值冬季大雪封山之时。成政于11月13日出发，身边有50余随从，12月25日抵达时

（记载于《家忠日记》），仅剩 20 人。他为何会选择这条路径？因为西方是前田利家，东方越后有上杉景胜，两者已跟秀吉联手了，北方则是大海，他只能偷偷向位于南方的德川家康求救。然而，家康拒绝了他。

在此之前，富山城西边吴羽山山麓五福村，有位名为早百合的女子，天生丽质，家业是染坊。某天，新领主佐佐成政路过五福村，偶然看到早百合，对她一见钟情。成政从村长口中得知早百合还未成亲后，便纳早百合为妾。

就在立山行那年，早百合怀孕了。正室膝下无子，因此正室一派深恐早百合若生了男孩，势力可能超越正室，遂诬告早百合跟成政的一个家臣有染。

成政立山行归来后，身心俱疲，再加上对家康背叛一事的

▷ 佐佐成政一片丹心，却生不逢时，成为战国悲剧人物。

愤懑，竟相信了诬告。不但亲手斩杀了那个家臣，更将早百合绑吊在神通川河畔矶部堤防上的朴树上，一刀一刀地将她折磨致死。早百合的亲属也全遭砍头。早百合临死前大喊：

"我没做错任何事，竟遭这种后果，我死不瞑目，将化为黑百合。立山开出黑百合时，也正是佐佐家灭亡之时。"

翌年夏天，立山山腰果然开出黑百合。

天正十三年（1585年），丰臣秀吉率大军攻打佐佐成政。据说，开战期间，时时风雨交加，霹雷闪电，令成政大伤脑筋，成政甚至还看到了早百合的亡灵。最后成政只得落发，身穿黑色法衣，向秀吉投降。

天正十五年（1587年），秀吉改封成政为九州肥后（熊本县）领主。秀吉叮嘱他说：那儿有52位土豪，千万别刺激他们，3年之内不准检地（检查土地收获量及测量地亩）。其实这52位土豪曾帮助秀吉平定九州。对秀吉来说，肥后国不但很难治理，也是他的眼中钉。

奉命到肥后赴任的成政，内心忐忑不安。自从主君织田过世后，他老是跟秀吉作对，按理来说，早在富山城那一战，秀吉就该砍他的头了，但秀吉当时只没收了他的一部分领土而已，仍让他继续当富山城主。这回秀吉又命他当九州大国的领主。难道他有什么企图？

凑巧大阪城内即将举行花会。成政首先想到，正好可以利用花会讨好秀吉的正室北政所（宁宁）。因为他听说，大阪城内正室和侧室淀君（信长之妹阿市的遗孤茶茶），经常演出宫斗戏码。他想，即使是天下之主的秀吉，在糟糠之妻面前应该也抬不起头。

▶ 黑白合垂首无语，宛如早百合含冤莫白。

成政于是命人到立山取得一株黑百合，进献给北政所。北政所欢喜若狂，暗忖，这下可以比过淀君了。没想到，花会当天，淀君的花瓶内竟插满了黑百合。寡不敌众，宁宁输给了茶茶。原来茶茶于事前得知此消息，命人到加贺（石川县）白山摘来很多黑百合。北政所大发雷霆，向秀吉控诉成政故意让她丢脸。人们都说，这也是早百合作祟所致。

话又说回来，成政赴任后不能检地，就无法分封自己的家臣。然而，成政急于立功，还是进行了检地。土豪果然叛乱，一揆烽火四起。十二月，秀吉命福冈的黑出、小仓的毛利、萨摩的岛津出兵，平定了这场叛乱，也借机将52位土豪一网打尽。

天正十六年（1588年）五月十四日，秀吉以一揆之乱为罪名，命成政切腹。佐佐成政在兵库县尼崎法园寺丧命，享年53岁。

附带一提，近年，有专家主张佐佐成政并未杀死早百合，那是前田利家继成政之后成为越中领主后，为了方便治国而伪造的传说。真相如何，不得而知。此外值得一提的是，黑百合是石川县县花。

第三节　加贺骚动（石川县）

史上有名的"加贺骚动"，其主角是大槻传藏，生于元禄十五年（1702年），是前田家某枪炮步卒三男。根据当时的惯例，长男以下的弟弟都是米虫，因此大槻传藏从小就到寺院当小和尚。亨保元年（1716年），大槻传藏15岁时，成为前田家幼主吉治身边的随从。据说他的父亲在某次藩主狩猎时，不知立了什么大功，才得以让已入佛门的传藏进城服侍幼主。

传藏生来是个美男子，又聪明伶俐，很快集幼主宠爱于一身。亨保八年（1723年）五月，吉治成为加贺藩第六代藩主，改名为吉德。

无论任何时代，每逢改朝换代，主君通常嫌弃旧臣，而想重用自己偏爱的家臣，吉德当然也不例外。他马上开始提拔传藏，且拨擢得非常破格：起初，传藏只是一百三十石藩士；宽保三年（1743年），传藏42岁，便已升迁为三千八百石的侧用人（负责传达将军或藩主的命令，地位与最高掌权者幕府老中或藩国家老等同），一手掌握藩国财政。

此时，藩主吉德有三个儿子：长男宗辰，次男重熙，三男势之助。三个儿子都是不同侧室所生。

据说，势之助本来应该是次男，却因生母阿贞人在本国加贺，较晚向幕府呈报户口，才被列为三男。阿贞是吉德最宠爱的侧室，生了二男三女。她是由传藏介绍给吉德的。她极想让自己的儿子成为继嗣，遂拉拢传藏。

尽管传藏劝慰她："如果无法继位也无所谓，反正是百万石藩主的儿子，可以终身无忧无虑过日子。"但阿贞不听，她非让自己的儿子成为藩主不可。

这时期的传藏，算是改革派的先锋，接二连三地实施经济改革，收拾了上代藩主留下的烂账。但上代旧臣保守派也不甘心作壁上观，众人绞尽脑汁想将传藏拉下马，藩内明争暗斗得很厉害。传藏此时大概不想因继承问题而惹来一身腥吧。

延享二年（1745年），吉德病逝，长男宗辰继位，成为加贺藩第七代藩主。真是应了"三十年风水轮流转"这句谚语，宗辰也不想让父亲的旧臣继续堵在前头，继位第二年七月，他便以"盗用公款"的罪名，命传藏蛰居。若事情就此结束，不过是一般藩国改朝换代时常见的内讧，不足以成为传说。

然而，同年十二月，宗辰竟骤逝。想当然其死因有问题。一时间谣言四起：是大槻传藏一派毒死了宗辰。

延享四年（1747年），次男重熙继位，成为加贺藩第八代藩主。第二年，传藏被判流放藩内流刑地五个山。五个山平村有专门收容重罪犯的流刑小屋，当时称"御缩小屋"，大小不到3坪，约10平方米，终日不见阳光，只有个直径20厘米的送饭口。

这时，江户加贺宅邸也频频发生怪事：有人欲毒杀宗辰生母净珠院。调查发现老侍女浅冈很可疑，经过拷问，她供认说："是受阿贞夫人所托。"

江户宅邸派使者到本国通报，加贺藩重臣审问阿贞，阿贞却矢口否认。调查官想出"蛇刑"这一拷问方法，挖了个直径

▷ 大槻传藏是江户时代最有名的家老之一,治绩斐然,却因卷入派系斗争,最终以身殉"藩"。

▷ 日本仅存的流刑小屋,传藏被拘禁半年后,自杀身亡。

1.33 米、深 1.67 米的洞穴,把阿贞推落到洞穴内,再倒满了大大小小的蛇。

阿贞最终招供,说她跟大槻传藏私通,但坚决否认毒杀阴谋。

而传藏在被关进流刑小屋半年后,也就是延享五年(1748年),用臣下偷偷送进去的短刃自杀了。传藏死后,阿贞和浅冈被判死罪,势之助则于宝历九年(1759年)死于狱中。传藏一派其他人被一网打尽。

以上就是史上传说的"加贺骚动"。

然而，这件事疑云重重。首先，流刑小屋警备森严，传藏的臣下根本不可能接近，更别说送短刃了。其次，若有传藏盗用公款或与阿贞私通，甚或筹划毒杀事件的确凿证据，加贺藩大可光明正大地将其处刑，何必让传藏自杀了结？换句话说，短刃很可能是加贺藩保守派送进去的，暗地劝他自杀。既然劝他自杀，不正表示有无法公开审判的隐情吗？闹来闹去的结果，究竟谁才是得利的渔翁？应该是次男重熙吧。反正生母各个不同，次男当然也有自己的派系。

近年，专家研究纷纷表明，大槻传藏其实是靠实力爬上顶峰的官僚，而且是个有经济特长的官员，更是忠臣。只是，从米虫小和尚一飞冲天，再自云端倒栽葱般地跌至地狱，这一跤，也未免跌得太让人痛心泣血了。

第四节　八百比丘尼（福井县）

从名古屋搭新干线到米原，再转搭北陆本线至敦贺，最后搭 JR 小浜线，便可抵达面临小浜湾的福井县小浜市。离小浜车站约 1000 米，有座名为"空印寺"的禅寺。这是小浜藩主（十万三千石）酒井家的菩提寺，正殿后有酒井家历代藩主的坟墓。

但这座禅寺闻名全日本，并非因为其是酒井家的菩提寺，而是因为里面有"八百比丘尼洞"。进入山门，左边山麓有个高一米半，宽两米，走下石阶后，进深七八米，四席半大小的洞窟。这里正是八百比丘尼圆寂的地方。

八百比丘尼的传说，在日本全国各地都有。根据调查，它横跨 27 个都府县，但福井县小浜市是这些传说的起点。故事内容大致如下：

很久很久以前，小浜住着一位名为高桥长者的人。他有个女儿。某天，他从大海的某小岛上带回了人鱼肉，女儿不知情，偷偷吃了那人鱼肉，竟然得以长生不老。

120 岁那年，她感叹人世的无常，出家成为尼姑，周游诸国，为人治病，扶助穷人，沿途种植山茶花。最后，于 800 岁时，她回到故乡小浜，住进上述那个洞窟中。她在洞窟前种了一株山茶花，预言说："树枝枯萎时，大概也是我了结一生的时刻。"自此再未出来。听说，虽不知那株山茶花已历经几代，

▶ 八百比丘尼入定圆寂之地,至今游客仍络绎不绝。

但现在仍未枯萎。

这个传说有很多种说法，另一种是：

很久很久以前，某神社附近有6户农家。某天，村中长老招待这6户农家到家里吃饭。大家都很期待到底会上什么料理。其中一个肚子最饿的人从厕所出来时，忍不住绕到厨房偷看。

没想到，厨房内的人竟在料理人鱼。这个人回座后将此事告诉众人，众人也大吃一惊。虽说自古以来相传吃了人鱼肉，可以长生不老，可是没人实际吃过，也就没人知道是真是假。于是，众人交头接耳，商定不要当场吃，还是在回家途中丢掉比较好。

谁知其中一个重听的，没听清楚，竟将人鱼肉带回家了。而且让家中的女儿吃了它。那女儿因此永远都是18岁，村人逐渐视她为妖怪，她在村中待不下去，只得千里迢迢到若狭国（福井县）出家为尼。

人鱼传说世界各国都有，但日本人鱼与西洋人鱼迥然不同。日本人鱼比较类似怪物。文献中关于日本人鱼的记载，最早出现的年代是推古天皇二十七年（619年），据说有人在摄津国（大阪府及兵库县一部）堀江捕到一条怪鱼。那鱼外形像个儿童，但非鱼也非人。

仔细想想，其实这传说非常恐怖，也非常悲伤。你愿意长生不老吗？你愿意始终停留在18岁吗？看着心爱的人逐渐老去，看着儿子、孙子比自己老，朋友一个个离开这人世，这世上只剩下你一人。不要说是800岁了，恐怕活到100岁就会感到很不耐烦了吧。

▶ 日本传说中的人鱼，人首鲤鱼身，头生双角，吃其一块肉，就可长生不老。

第五节　姨舍传说（长野县）

古时候，信州（长野县）某藩国奉朝廷之命，必须送大军到虾夷。藩主知道这是场长期征战，遂决定储存众武士的食粮。于是，藩主在领地各处立起布告牌，上书：

"即日起，凡60岁以上老人，均不准留置家中。家人须将老人带到山中丢弃。"

如此这般，各村落接二连三上演生离死别的戏码。昨天是河对岸的左兵卫，边哭边背着老母亲进入深山；今天则是邻村的右兵卫，牵着老父的手，垂头丧气地步入山径。

不知从何时开始，人们称那座山为"姨舍山"。

姨舍山本为所有村人引以为豪的美景之一。为了砍柴烧炭，村人时常结伴踏进深山小住数日或半月。如今，那山成为少壮及老弱都不敢多望一眼的场所。左兵卫家的老母，在深山中如何过活？右兵卫家的老父，到那以后到底又活了几天？谁也不知道。但没人会幸灾乐祸，因为每家早晚总要轮到。

最后，要轮到角太郎家了。家人一天比一天沉默寡言。每个人脸上都抹上了一层阴影。老母亲的确老了，更因长年在梯田中爬上爬下，背早就驼了，但家中没人嫌她碍手碍脚，反而因她的陪伴而增添了些许温暖。

该来的日子毕竟躲不开。当天，媳妇一早就起来做饭团，准备水桶。角太郎背着老母亲，走在闭着眼都不会走失的山径，

▷ 日本山多平原少，地势崎岖，农民生活困苦。图为明治民间画师笔下，百姓入山采樵的情景，由此仿佛可以想见姨舍山的模样。

脚步却一步比一步沉重。

走到山径尽头，角太郎踏着蔓径荒草，穿过树林，继续往上攀登。背上的老母亲始终在折树枝，咔嚓，咔嚓，一枝折过又折一枝。

找到某泉源时，角太郎放下老母亲。日头已高高在上，不趁早回去，恐怕会因天黑看不清下山的路径。角太郎当然吃不下饭团，老母亲却若无其事地说："角太郎，辛苦你了，你趁早回去吧。一路我都折了树枝，顺着那折断的树枝走，你就不会在山中迷路了。"

听老母如此说，角太郎再也忍不住了。即使是藩主命令，他又怎能将眼前这个老母亲丢在山中呢？待老母吃完饭团，角太郎说："阿母，我们回家！"

老母亲本来迟疑不决，但从儿子的表情中读出他心意坚决后，便默不作声地又趴到儿子背上。归途速度很快，因为有老母折的树枝做的路标。

回家后，媳妇见状，一句话也不说，开始在屋后挖掘洞穴。挖出来的土，由角太郎及孩子搬到后山丢弃。那以后，每天送饭给老母的工作，就落在媳妇的肩上。而角太郎每天做完工后，也会到洞穴探望老母亲。

然而，小小村落毕竟隐瞒不了任何秘密。村长得知后，为了避免连累他人，向上头报告了此事。藩主传唤角太郎，角太郎如实说出一切。他已做好被砍头的准备。

藩主听毕，说："既然你无法丢弃老母，那你母亲能做什么？好，我给你出个问题，若你跟你母亲能解开，便饶你们一命。"

藩主的问题是：用灰缠一条绳子。

▶ "姨舍传说"由深泽七郎写成小说《楢山节考》，再由导演今村昌平将其改编成电影，并获得了坎城影展最佳影片金棕榈奖。

用灰缠绳子？怎么缠？角太郎想破头也想不出解决方法。问老母亲，老母亲笑着回说："那很简单，把绳子烧了就好了。"

藩主看到绳状的灰，频频点头。继而又出了第二个问题：在海螺内穿线。

角太郎回家问老母，母亲依旧笑着说："那很简单，在蚂蚁身上缠线，放进海螺，之后在海螺内吹烟就好。"

可是，藩主仍不满意，又出了第三个问题：6尺棒怎么分头尾？

老母亲的回答是"把棒子浮在水中，沉入水底那方是头"。

角太郎以为藩主这下应该心服口服了，不料，藩主又出了个难题：用纸包火。

纸怎么包火？看样子，藩主非要砍他们母子的头不可。然而，老母亲却说："傻孩子，在灯笼内点火送过去就好了。"

角太郎茅塞顿开。藩主看到灯笼时，沉吟了一阵子，终于说："角太郎，我明白了。你母亲有真正的老人智慧，这是必须有人生阅历才能获得的。我一直以为老人是米虫，原来不是。我撤回先前那道命令。"

如此，不但角太郎及其老母亲，全藩国上上下下都沉浸在欢乐的气氛中。

长野县长野盆地（俗称"善光寺平"）的西南尽头，有座高1252米的冠着山，俗称"姨舍山"。山脚下有JR东日本"筱之井线"铁路，其中有个车站名为"姨舍驿"。它是根据"姨舍传说"而取名的。

站台有芭蕉句碑："おもかげや、姨ひとりなく、月の友"（毫无影迹及姥姥，只剩月之友）。句碑旁还有个俳句投句箱，将自己的作品投入箱中便可参加全国俳句大会。"只剩月之友"的意思，是指千曲市著名的"田每之月"，也就是映照在层层叠叠梯田上的月亮之意。此地自平安时代以来，便是日本三大赏月名所之一，其他两地则为高知县高知市浦户桂滨、滋贺县大津市石山寺。

其实，姨舍传说并非只限长野县千曲市的姨舍山，日本全国各地都有。不，或许应该说，全球各地

▷ 姨舍驿是日本有名的铁路车站，因视野开阔，号称"日本三大车窗风景"之一。

▷ 姨舍驿的俳句投句箱，骚人墨客读完芭蕉句碑，都可共襄盛举。

都有。传说内容大同小异，藩主所提出的难题，也因国情而不尽相同。不过，这一传说的历史应该很久了。

《今昔物语集》卷五第三十二话《七十余人流遣他国国语》中，描述往昔印度有个将70岁以上的老人流放他乡的国家。这个国家有位大臣，也是不忍将自己的老父流放他乡，偷偷在自家挖个洞穴，把父亲藏了起来。

有一天，邻国送来两匹一模一样的牝马，说如果无法分出哪匹是母哪匹是子，便将派军攻打此国。国王传唤了大臣，问他有没有分辨的方法。大臣回家问老父，老父说："在两匹马中间搁置草，主动先吃草的是子，母马通常等子马吃毕，才慢慢吃。"

邻国又送来两端一模一样的涂漆木棍，要国王分辨头尾。老父建议将木棍沉入水中，稍微沉入水底的是头。

第三个难题则是有名的"称象"（在中国是"曹冲称象"）问题。老父说，把大象带到船内，在吃水的地方做记号，之后让大象上岸，再于船内搁置石头直至吃水的地方，最后称出石头重量即可。

邻国因这个国家有能解决难题的贤人，认为一定攻不下，于是提出结盟请求。而国王在得知这些都是出自大臣老父的建议后，也废除了以往流放老人的国法。

《今昔物语集》中的这则故事，源于《杂宝藏经》卷一里的《弃老国缘》，而《杂宝藏经》则是北魏沙门吉伽夜、昙曜两人于 472 年共译自天竺的佛经。可见"弃老传说"并非日本所独有的故事，而且历史非常久远了。

日本除了《今昔物语集》，其他如《大和物语》（10 世

▶《楢山节考》书影。

纪中叶）、《日本灵异记》中都有类似的故事，近代文学中则有柳田国男的《亲弃山》、太宰治的《姥舍》，现代文学中最著名的应该是深泽七郎的《楢山节考》。

第六节　飞驒之匠（岐阜县）

"飞驒之匠"并非单指某位名匠，而是飞驒国（岐阜县北部）木匠的总称，也是一种美称。

奈良时代718年制定了"养老律令"，规定飞驒国每隔1里（50户）征集10名樵夫，8名炊事员，上京从事京城或神社佛寺建筑工程，为期1年。简单来说，当初由于飞驒国极为贫困，无法缴税，便由这些劳动力来充当赋税。

而根据927年完成的《延喜式》史料，朝廷内匠寮、木工寮、修理职三署，总人数为210人，其中飞驒之匠占了百人，可见比例相当大。当然这数目不包括杂役。直至平安时代末期，约500年间，自飞驒国上京的徭役，总计有4万至5万人。平城京、平安京、东大寺、药师寺等建筑物，均有飞驒木匠参与。

飞驒木匠的地位起初非常低微，这也是自然的——他们在故乡时不过是樵夫或烧炭人，一下子还无法成为建设京城的木匠技术人员。然而，当745年兴建奈良宫时，据说有105名飞驒木匠参与，可见此时他们已跃升为主流技术集团了。到了762年兴建石山寺时，一位名为"勾猪万吕"的飞驒木匠甚至荣获从八品下官位。由此看来，当初的樵夫应该是在修建各种建筑工程的过程中，逐渐习得了土木工程技术吧。也因此，"飞驒之匠"便成为名工美称。

平安初期877年兴建日本古代三大建筑之一的大极殿时，

▶ 平安时代，修筑石山寺，曾征调了许多飞弹匠人。《石山寺缘起绘卷》所见工匠以牛车搬运石材的模样。

有 60 名飞弹木匠进宫飨宴；两年后完工，朝廷更招待了 20 名飞弹木匠入宫观赏雅乐。这一时期，飞弹木匠的地位应该说已经屹立不倒了。

镰仓时代末期有位飞弹木匠藤原宗安，是第一位升任飞弹权守的人。飞弹权守在今日来说，相当于县长的地位，这在当时的职人世界中是最高地位。

《今昔物语集》卷二十四第五话《百济川成与飞弹工挑战》，正是描述名匠与名匠的竞技过程。

话说平安时代有位著名画师，名为百济川成（853 年殁，享年 72 岁），嵯峨殿（日后的大觉寺）的壁画正是他的作品。同一时代，也有位著名的飞弹木匠，迁都平安京时，这位木匠是建筑师之一，平安京丰乐院（朝廷宴会场）便是由他设计的。

某天，飞弹木匠对百济说："我在寒舍建造了一栋六尺四面的堂屋，请你务必来看看，帮我画壁画。"

两人在朝廷虽是竞争对手,但私下交情很好。百济前往飞弹木匠家一看,果然是栋别致小堂屋,四扇门都开着。

飞弹木匠说:"请进,请进,请仔细看看内部。"

百济跨上窄廊,打算从南边入口进去。不料,他刚走到门口,门就砰地一声关上了。他大吃一惊,绕到西边门,这回门也是砰地一声关上了,刚刚那扇门则又自动开了。北边、东边都如此。结果他在堂屋四周绕来绕去,想设法进屋,却只见四扇门砰砰作响,关上又打开,无论如何也进不了堂屋,飞弹木匠则在一旁哈哈大笑。

日后,百济遣人到木匠家传话,说家里也有东西要给他看,请木匠抽空过来一趟。木匠当然知道一定是画师想"复仇",便拒绝前往。最后却禁不住百济三番五次邀请,来到了百济家。

百济要木匠从窄廊侧门进房,门一打开,房内有具腐烂肿胀的尸首,且恶臭冲鼻。木匠大叫一声,跳下窄廊。结果百济

▷ 幕府末期的浮世绘名师葛饰北斋笔下的飞弹匠人,明显已非劳动阶级,应该是功成名就,受封得官后的造型吧。

从房内窗户探出头，说："飞骅大人，不用怕，房内只有我在，你进来看看。"

木匠战战兢兢地挨近，定睛一看，原来那尸骸只是屏风上的图画而已。

这则故事非常有名，是飞骅之匠传说的代表作。

今日的飞骅高山是个仅有 6.5 万多人口的小镇，每年却有 250 万观光客前往，而且春祭、秋祭时的"屋台"（祭典花车）是国家指定的重要文物，另外还有不少国家指定的重要古建筑，可以说是个文物之邦。

第七节　猿桥（山梨县）

山梨县大月市的"猿桥"，是日本三大奇桥之一（其他是德岛县祖谷"桂藤桥"，又称"葛桥"，山口县岩国市"锦带桥"，后来又加入枥木县"大谷川神桥"）。

这座架在桂川（相模川上流）两岸绝壁的木桥，长约31米，宽3.3米，离水面高约31米，是以斗拱建筑凌空架成的无桥墩桥。也就是说，在两侧岩壁埋入底层木板，木板上再加一块长度比底层长的木板，木板与木板之间用方木联结，如此一层层凌空架出，最后再于中央搭上桥面。

斗拱原为中国古代建筑的构件之一，而这座猿桥到底于何时建成，日本方面没有文书记录，但却留有古籍传说故事。

话说，远在推古天皇时代（第三十三代女皇，554—628），有位古代朝鲜半岛百济国的归化人造园专家芝耆麻吕，不知为何，他竟偕同妻子来到深山穷谷的甲州（山梨县）。

桂川水源是富士山的山中湖，而与桂川并行的山径，在当时是通往相模国（神奈川县）、武藏国（埼玉县、东京都）的交通要道。德川家康设立幕府，揭开江户时代之幕后，也曾大力铺设这条甲州要道，但根据记录，200年前的江户时代文政时期（1818—1828），来往此要道"参勤交代"的大名，仅有信浓国（长野县）高远、诹访、饭田三藩而已，虽然总计有44个宿驿，但每个宿驿平均旅馆数只有12家。由此可见，约1500年

▷ 浮世绘画师歌川广重笔下的猿桥风景。

前的山径，应该更是秘境了。

当时当然也没有"猿桥"或其他吊桥，为了渡过桂川，芝耆麻吕及村民都必须绕远路。当村民得知这位旅客是来自百济国的土木建筑工程师时，便召集了村内的主要领导人，前往芝耆麻吕的寄居处，恳求他为村民设计一座桥。

芝耆麻吕因亲身体验过，深深理解村民的不便。又因其本身是工程师，大概也深知工程非常难。但或许也正因为其本身是工程师，才萌生了挑战之心吧。总之，他接受了村民们的恳求。不过，他其实也没有把握。

某天，他又来到预定架桥之处，苦苦思索。突然有数十只猴子聚集在断崖旁，叽叽喳喳吵个不停。接着，一只身躯最魁梧的大猴子，跳到断崖一旁的松树上，然后另一只猴子跳到大猴子背上，如此一只只跳上去，竟形成一座猴桥，连接到对岸。剩下的猴子便顺着猴桥顺利跑到对岸断崖上了。

芝耆麻吕看到此情景，认为这是天启，赶忙回寄居处开始描绘设计图。

设计图完成后，全村总动员，动手搭桥。遗憾的是，两次尝试都在中途遭遇暴风雨，让还未完成的桥毁于一夕。设计者芝耆麻吕更是灰心丧气，以至于一想到要重新搭桥，整个人就瘫了下来。

心力交瘁的他，某夜做了个怪梦。梦中出现一只大白猴，此猴告诉他："若想完成那座桥，必须奉献申年、申日、申时出生的男女鲜血。"

惊醒过来的设计师，仔细回想梦中内容，又想到自己和妻子正是申年、申日、申时生的。他叫醒妻子，描述梦中内容。

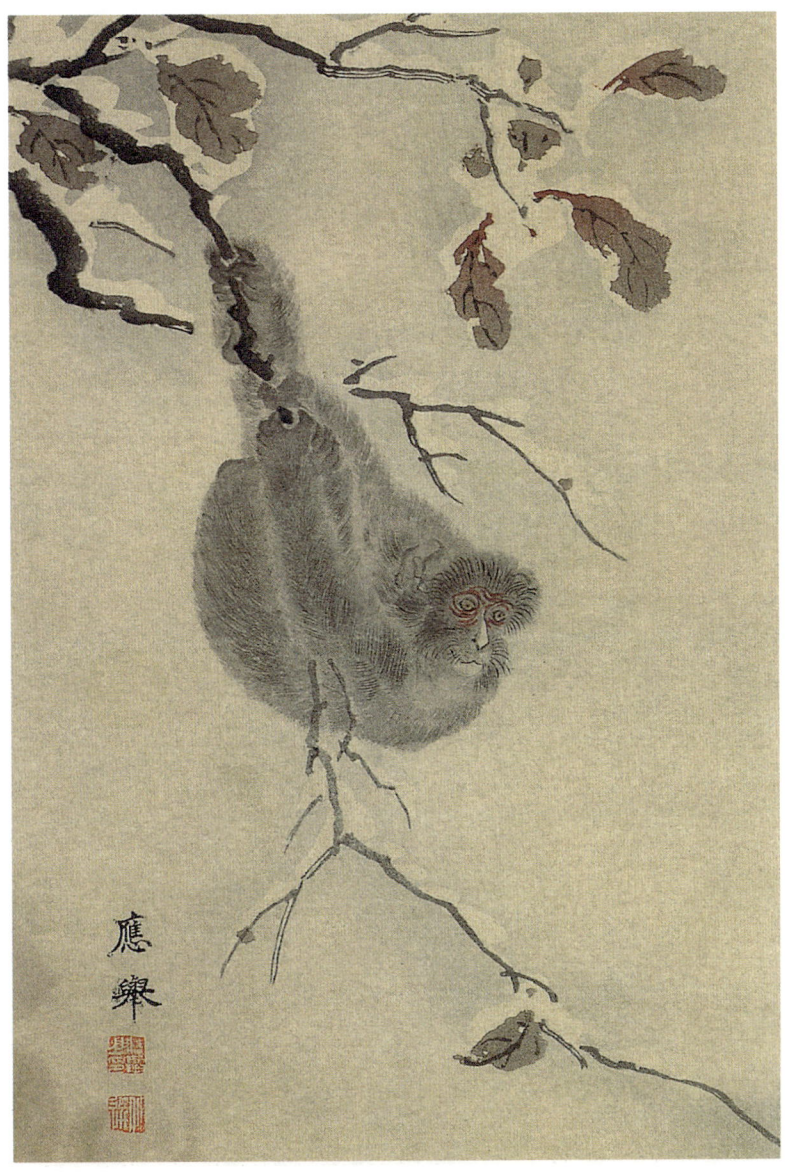

▷ 猿桥的施工法，据说是受到猿猴攀爬的启示。图为明治民间画师笔下，双手攀树摆荡的猿猴。

妻子看到他的神色，明白他已下定决心。芝耆麻吕连夜重新描绘设计图，并留下一封遗书给村民。黎明时，他与妻子两人净身后，对着朝阳祈祷工程圆满，随即果断自杀了。他在遗书里叮嘱村民，说如果桥架成了，请取名"猿桥"。

另一说法是夫妻没自杀，只是奉上两人的鲜血。而第三次架桥时，也真的成功了。

我们先不管此传说是否真实，但传说既然能流传这么久，表示猴子确实为架桥提供了启示。可是，我始终有个疑问，那些攀在彼此背上的猴子，到底该如何回头呢？左思右想，才想到一个可能的答案：或许最后抓住对岸树枝的那只猴子，先顺着桥回去，然后再一只只往回跑？

▷ 横跨桂川的猿桥是日本三大奇桥之一，横空凌越断崖绝壁，左方桥头可清楚看到层层堆叠而成的斗拱。

第八节 净琉璃姬（爱知县）

古时候，三河国（爱知县）矢作地方（冈崎市），有位名为兼高的富豪，拥有约现在冈崎市与安城市合起来那般大的领地。他唯一的烦恼是膝下无子。

某天，有人建议富豪夫妻向三河国规模最大的寺院凤来寺药师佛祈愿。药师佛是东方琉璃净土教主，据说药师佛对妇人受孕非常灵验。夫妻俩闭居寺院斋戒祈愿了 21 天后，妻子果然怀孕。临月时生下一个女孩，取名为净琉璃姬。

同一年，也是平治之乱那年（1159 年），源义经呱呱坠地。所谓"平治之乱"，简单来说是上皇（已退位的天皇）掌权的院政和天皇掌权的朝廷对立，而院政近臣武士又分源氏及平氏两派，最终演变为政变。源氏战败，平氏得势，自此逐渐形成武士社会。

源氏一派几乎被全歼，但平氏没赶尽杀绝，饶了源氏 3 个孩子，源义经正是其中之一。他 9 岁时（也有 11 岁之说），因母亲再嫁，被送进京都左京鞍马寺。虚岁 16 岁时，源义经离开寺院，打算千里迢迢前往奥州平泉投靠藤原秀衡。途中，源义经参拜了热田神宫，并在此接受了跟源氏有因缘的神官所主持的戴冠仪式。

承安四年（1174 年），他在矢作落脚。为尽地主之谊，兼高热情款待了他，并让净琉璃姬弹琴欢迎贵宾。此时，净琉璃

▶ 源义经英雄出少年，风流倜傥，舞文弄墨，与净琉璃姬结缘。图为浮世绘所见，歌舞伎剧中的义经与净琉璃姬造型。

姬弹奏的是《想夫恋》，源义经也取出母亲的遗物名笛"薄墨"，配合琴声吹笛。一曲订终身，两人情投意合，结为夫妻。

由于源义经必须前往奥州，临别时，他留下"薄墨"当作信物，发誓改天必定回来接净琉璃姬。然而，一年过去了，两年过去了，源义经始终杳无音信。这一时期的源义经，到底在平泉过着何种生活，因为没有留下任何记录，所以后世不得而知。

当源义经的哥哥源赖朝于治承四年（1180年）在伊豆举兵时，源义经才离开平泉投奔到哥哥旗下。此后，净琉璃姬陆续辗转得知他的消息。源义经也因几次战胜而声名大噪。

心爱的人逐渐出人头地，净琉璃姬却因耐不住相思之苦，转而灰心丧气，最终在寿永二年（1183年）投河自杀，享年24岁。据说，源义经在这年追击堂兄源义仲时，途中曾路经矢作，得知净琉璃姬的死讯后，为她立了千根的卒塔婆。

净琉璃姬的坟墓在冈崎市誓愿寺，"薄墨"笛子也收藏在此寺内。源义经虽在翌年结婚，不过，却也在文治五年（1189年）因与哥哥对立，遭官兵攻击而自戕，享年31岁（虚岁）。

16世纪室町时代末期，出现了以琵琶或扇子伴奏的新乐曲，其中以净琉璃姬为主角的说唱曲《十二段草子》（别名《净琉璃姬物语》），盛行一时。于是人们逐渐称这种新乐曲为"净琉璃"。三弦（三味线）自琉球传进来以后，净琉璃才改以三弦伴奏。

到了江户时代，出现了天才剧本家近松门左卫门（1653—

1725），他与竹本义太夫联手完成以偶人演戏的"人形净琉璃"。"人形净琉璃"又称"文乐","文乐"本来只是"人形净琉璃"的一派，因目前只剩下这一派了，所以成为人形净琉璃的总称。"文乐"于 2003 年被指定为世界非物质文化遗产。

▷ "人形净琉璃"是江户时代平民百姓最爱的娱乐之一。

第九节　灵犬早太郎（静冈县）

古时候，远州府中（静冈县盘田市）见付天神社（正式名称是矢奈比卖神社）每年举行秋祭时，习惯奉献一位年轻女孩当牲礼。每年秋祭前八月初，不知从何处会飞来一枝白翎箭，插在村民家屋顶。而中箭的人家，家中必定有位年轻女儿，这个女孩就是当年的祭品。

某年，又到了秋祭时期。凑巧这年有位六部寄居在神社内。所谓"六部"，是"六十六部"的简称，本来是指抄写六十六部《法华经》，巡游六十六国奉献经典的行脚僧，亦即将经典奉献于全国各灵地的寺院或神社，后来泛指一边行乞一边云游全国的行脚僧。此传说中的六部，应该是前者。

祭典当天夜晚，六部自告奋勇代替年轻女孩躲在白木棺内。村人将白木棺抬到正殿前，便争先恐后地逃走了。六部躲在棺内一心一意诵经。丑时过后，正殿前刮起一阵狂风，出现一只大怪物。

那怪物跳到棺上，手舞足蹈地唱着："此事不可告知，不可告知。信州信浓的光前寺，光前寺。光前寺的早太郎，早太郎。"

怪物想打开棺盖时，六部高声朗诵经文，击退了怪物。

翌日，六部向村民说明事由，遂动身前往信州信浓（长野县）。说到信州，六部脑中首先浮现出的是古刹善光寺。善光寺

▷ 浮世绘中较少成犬入画，此图出自歌川丰国之手，灵犬伴美人，踏雪而行，一娇弱、一英武，相得益彰。

附近是盆地,通称"善光寺平",他先到盆地里的各个村落打听,却没人知晓"光前寺"在哪里,也没人听过"早太郎"这个名字。

六部又到诹访湖附近打听,也没收获。他逐渐南下,来到高远町时,才在天神山山脚某寺院打听到光前寺。原来光前寺位于木曾驹岳(2959米)山麓东南方驹根高原某村落(现为驹根市),也是古刹,创建于贞观二年(860年)。

六部向光前寺住持说明来意,并求见这位名叫"早太郎"的僧侣。住持点点头,到窄廊呼唤:"早太郎!早太郎!"结果跑来一头灰色山犬(可能是现已绝种的日本狼)。

根据住持所说,数年前一头驹岳母山犬在寺院正殿窄廊下,

▶ 长野县驹根市光前寺正殿前的灵犬早太郎木雕像。

生了三头小山犬。因住持每天给它们饭吃，并供应饮水，小山犬长大后，母山犬留下了一只，带着其他两只回到山中。

住持问："今年秋祭是几时？"

六部回道："正是下个月。"

原来六部花了将近一年的时间，才找到早太郎。他说明原委，并向住持商借早太郎回去除妖，住持满口答应，并千叮万嘱早太郎，无论如何要活着回来。

秋祭那天到了。见付天神社将六部带来的早太郎放进白木棺内。此外，光前寺住持也在正殿彻夜为早太郎诵经。

翌日，见付天神社发现白木棺旁躺着一只全身被咬得伤痕累累的大狒狒的尸骸，早太郎却不见了踪影。而光前寺住持则在院子里发现了全身血迹斑斑的早太郎。早太郎向住持干号一声后，倒地而亡。满怀哀伤的住持将早太郎埋在了正殿旁。

此后，六部在见付天神社住下，每天为早太郎抄写《大般若经》，写成后奉给光前寺。至今，那部《大般若经》仍是光前寺的镇寺之宝。

光前寺正殿内有早太郎的木雕像，见付天神社参道则有早太郎的铜像，境内也有"早太郎神社"。每年农历八月十日前的周六、周日深夜，见付天神社会举行国家重要无形民俗文化财产的"裸祭"。据说，这"裸祭"本来是往昔用女孩当祭神牺礼时的祭典，击退大狒狒后，才改为自远江总社淡海国玉神社（同样是盘田市）神轿出巡的祭典。

2006年是狗年，也是光前寺举办"早太郎七百年祭"之年。此外值得一提的是，见付天神社的灵犬名为"悉平太郎"，两者不尽相同，恐是方言口述传说的结果吧。

▷ 静冈县见付天神社鸟居前也有灵犬铜像。但到了这里,却改名成"悉平太郎"了。

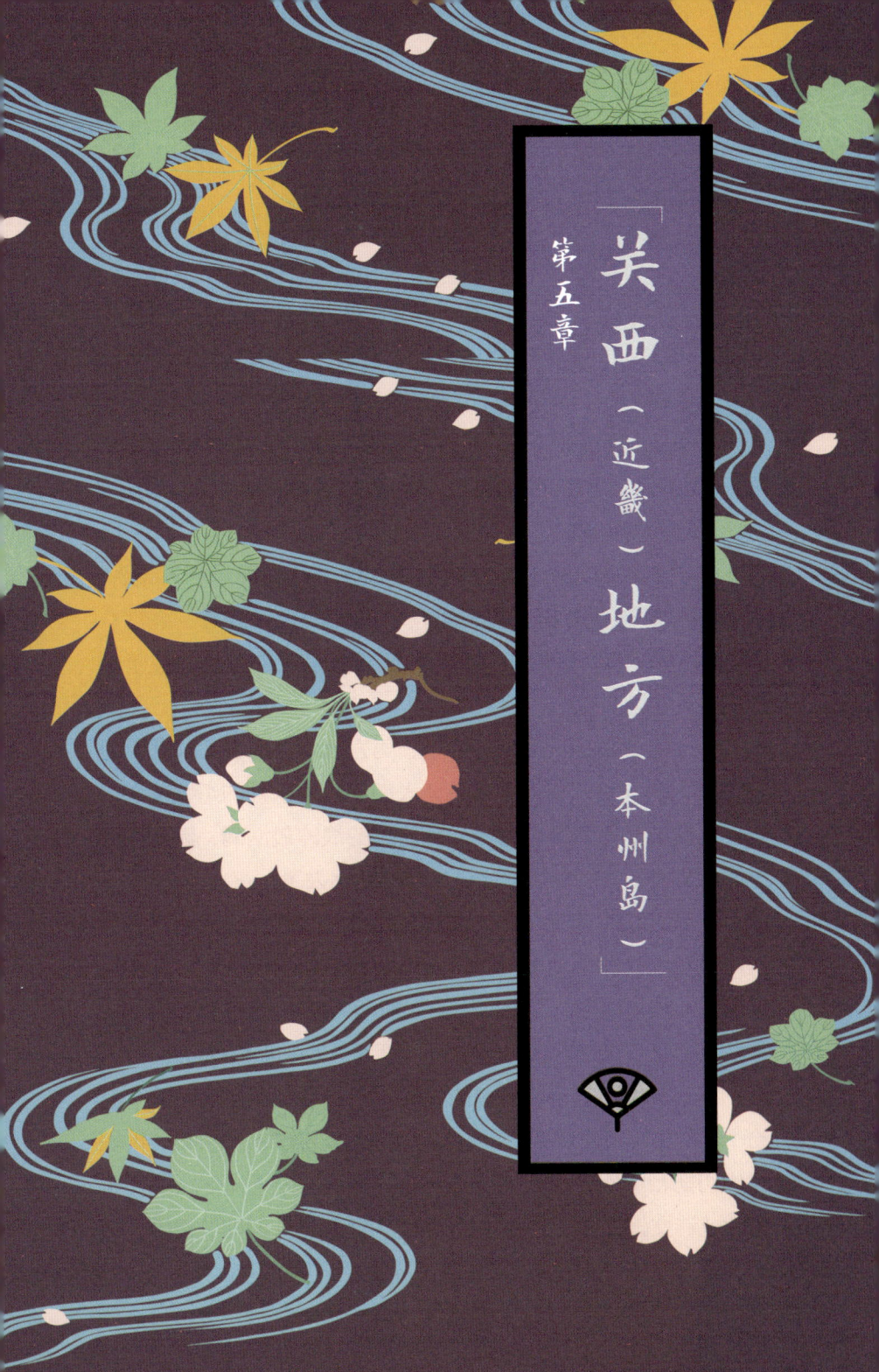

关西（近畿）地方（本州岛）

第五章

第一节　宇治桥姬（京都府）

自古以来，日本人便认为每座桥都有女神守护，而在众多与桥相关的传说中，又以"宇治桥姬"最有名，只要提到"桥姬"，通常就是指宇治桥女神。宇治桥建于 646 年，是日本现存历史最悠久的桥梁。

话说很久很久以前，宇治桥姬和离宫八幡神是恋人关系，八幡神每夜顺着淀川、濑田川、宇治川前来见桥姬。离宫八幡宫是平安时代初期建于嵯峨天皇离宫遗址的神社，位于京都府大山崎。

因当时的婚姻形态是访妻婚，男方通常在日暮后前往女方家过夜，并于隔天黎明时离去，人们便认为众神的婚姻形态大概也是这样。每天黎明时分，宇治川的浪涛最汹涌，因此即使见不到身姿，人们也知道这是八幡神要回去了。

然而，八幡神也并非夜夜都来。当时某些贵族或富豪，甚至可以在同一时期访东走西。而桥姬却只能坐镇桥畔，夜夜翘首盼望八幡神前来。这位优雅的女神引颈翘望河面远方的姿态，曾激发了众多古代歌人的想象力，留下了不少著名的和歌。

紫式部也知道宇治桥姬的传说，其在《源氏物语》的"宇治十帖"中写下《桥姬》《浮舟》等三位女性的悲恋故事。平安时代初期和中期，贵族往往把恋爱的苦恼及思念情怀，寄托于和歌或诗文，将之升华为一种"美"。因此这一时期的桥姬，始终是个一心一意等待恋人前来的哀愁的美丽女神形象。

平安时代后期,传说有了转变,桥姬不再是女神,而是庶民女子的身份了。

话说很久很久以前,宇治桥畔有位守桥女子,人们称她为"桥姬"。桥姬也有丈夫。她怀孕时害喜,吐得很厉害,吃什么吐什么。她的丈夫看不过去,对桥姬说:"你想吃什么?说说看。我一定设法找来。"

桥姬想了一会儿,说:"以前我吃过伊势的裙带菜,觉得很好吃。要是那个,我想我应该吃得下。"

"好,我去取来给你吃。"

桥姬的丈夫立即前往伊势(三重县)。过了几天,她的丈夫仍未回来。桥姬很不安,便也动身前往伊势寻找她的丈夫。她在海岸徘徊,结果浪涛中出现了心爱之人的朦胧身影:全身淌水,面无血色。她的丈夫蠕动苍白的双唇,念出一首和歌:

▶ 横跨宇治川上的宇治桥,是日本著名的古桥。图为室町时代遗留下来的"宇治桥柴舟图屏风",现藏于出光美术馆。

▶ 桥姬传说,所从来久焉。紫式部写《源氏物语》时,就写了"宇治十帖",图为《源氏物语绘卷》中所见的《桥姬》。

狭筵にころも片敷今宵もや
われを待つらむ宇治の桥姬

意思是:草席上只铺着一人衣服,今晚依旧在等我的宇治桥姬。

桥姬大吃一惊,想奔向丈夫,不料她的丈夫却消失了。这时她才明白,丈夫为了摘取海岸岩上的裙带菜,不小心失足落海溺死了。桥姬只得哀痛欲绝地返回宇治。

上述和歌是《古今和歌集》卷十四《恋歌》之四的古歌,作者不详。平安时代男女一起过夜时,通常脱下两人身上的衣服,铺在席上当被褥。"片敷"是只铺一人份的衣服,表示独寝。

此传说中的桥姬，并非女神，也非《源氏物语》中躲在垂帘内的贵族女子，而是庶民身份的守桥女子，似乎与丈夫住在一起。丈夫为了怀孕中的妻子，到远处摘取裙带菜，这一行为也非常"庶民"。

丈夫出远门命丧他乡，留下身怀六甲的妻子，夜夜苦等丈夫归来的例子，不仅中世，现代应该也很常见吧。

时代再往后推——镰仓时代。

据说有个遭丈夫抛弃的女子，因痛恨丈夫移情别恋，到贵船神社参拜，祈求神灵代她向丈夫复仇。这时有位神官告诉女子：

"你将头发绑成五只角，头戴三脚铁环，三脚点火，脸涂红丹，身穿红衣，怒形于色，前往南方。以此形态浸于宇治川三七二十一日，即能如愿。"

女子果然照神官所说的做了，浸在宇治川祷告，最后在满月之夜，化身为骇人的女鬼，并且如愿杀死了负心的丈夫和丈夫的新欢。

这个传说正是能乐谣曲《铁轮》的雏形。《今昔物语集》、镰仓时代的《平家物语·剑卷》，以及同样是镰仓时代的说话集《闲居友》下卷中，都有类似的故事。

桥姬在此已非当年那位痴心等待郎君的女子，而是"你若敢抛弃我，老娘就给你好看！"的悍女。

京都的一座戾桥也有关于女鬼的传说。因桥的历史悠久，往往有种种传说，"戾桥"名称起源如下：

平安时代初期的文章博士参议三善清行（847—918）过世时，送葬队伍路经此桥时，凑巧与在外地修行，自熊野兼程赶回来的

▷ 镰仓时代的桥姬造型，头发绑作五角，三角铁环生火，怒形于色，要找负心的丈夫算总账！

清行的第八个儿子净藏贵所相遇。在净藏全心全意祈祷后，清行苏醒过来，父子俩得以做了最后的告别。此后，人们便称此桥为"戾桥"。

而平安时代中期的武将源赖光（948—1021）的家臣渡边纲（953—1025），某天路经戾桥时，巧遇一位美女。渡边纲无意中望向桥下河面，发现映在水面的影子竟是个女鬼，当下拔出主人赐予的名刀，砍下女鬼的右臂。源赖光将手臂存放在箱子中，之后却上了化身为老母的女鬼的当，把手臂给骗了回去。这个故事也被记载于《平家物语·剑卷》。

如今的宇治桥西边有座小小的"桥姬神社"，据说目前供奉的女神，专爱让男女分手，所以当地人举行婚礼时，总会避免路经神社。神龛内奉祀的则是一具上半身裸体，下半身穿着绯红裤裙，左手缠蛇，右手握着钓鱼钩的女鬼神像。

▶ 宇治桥边的桥姬神社中供奉的女神，专爱让男女分手，无怪乎显得有些荒凉。

第二节　琵琶法师——蝉丸（滋贺县）

很久很久以前，有位殿上人，名为源博雅。他是第六十代天皇醍醐天皇（885—930，897 年即位）的孙子。

博雅是一位多才多艺的贵族，尤其擅长管弦，弹起琵琶无可匹敌，吹起笛子盖世无双。然而，博雅并不因为自己是乐器名手便引以为傲，只要听闻某人弹得一手好琵琶，便立即前往请教，期望能取长补短、精益求精。

某时，他听说京都与近江国（滋贺县）交界的逢坂关，有位盲人住在草庵，过着与世无争的日子。盲人名为蝉丸，曾在宫中服侍式部卿。式部卿就是第五十九代天皇宇多天皇的第八皇子敦实亲王，也是著名音乐家。因为这样，蝉丸也成为一名琵琶高手。

博雅很想去见蝉丸，但对方是盲人，他不知该如何让对方理解自己对琵琶的热情。于是遣人捎信过去："何以居住在如此偏僻之处？可否迁居京城？"

盲人蝉丸回赠了一首和歌：

　　世の中は　とてもかくても　過ごしてむ
　　宮も藁やも　はてしなければ
　　（世上岂无安居处，贝阙珠宫，土阶茅屋，终是中看不中留）

意思是，人活在这世上，如何过都一样；住所也是，宫殿和茅屋，终究均无法永住。

博雅看到回信，益发对蝉丸朝思暮想，热切渴望听到蝉丸弹琵琶。让博雅如此神往的主要原因在于博雅深信蝉丸会弹琵琶秘曲《流泉》《啄木》。为了听蝉丸弹秘曲，他夜夜前往逢坂关，在蝉丸的草庵旁等待。这一等，就足足等了3年。

第三年的八月十五日，月色朦胧，清风徐来。博雅躲在阴暗

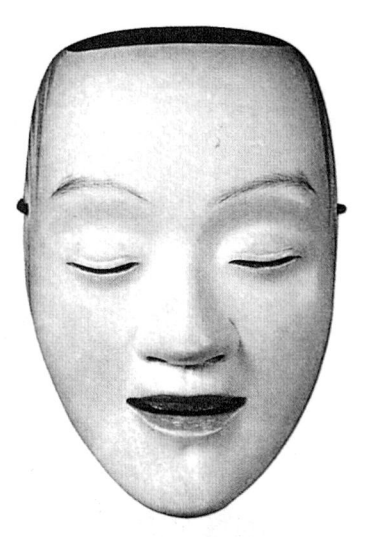

▷ 日本传统能乐中，有专属的蝉丸面具，薄命苦相毕露。

处，只见蝉丸如常抱着琵琶，有一下没一下地拨弄拨子，神色哀戚。过了一会儿，蝉丸随兴弹琴吟唱：

逢坂の关の岚のはげしきに
しいてぞ居たるよを过ごすとて
（逢坂关卡，疾风暴雨，宁耐静坐，司昏守夜）

意思是，逢坂关是风城，盲人的我，每夜忍耐坐在暴风声中，只为了度过长夜，度过人生。

博雅听毕，泪流满面，心中哀怜不已。

接着蝉丸又喃喃自语道："啊，今晚真是令人雅兴大发的夜晚。不知这世上有无其他懂得情趣的人？若有善琵琶之人，愿

▷ 腾川春章名作《锦百人一首》中的蝉丸的造型：手持琵琶，孤老无依。

意光临寒舍，真想与他畅谈通宵啊……"

博雅听蝉丸如此说，马上自藏身处跨前一步，开口说："此处正有合适的人在，在下是京城源博雅。"

"您是……"

"我在此处等了3年，只为了听法师弹奏《流泉》《啄木》。"

蝉丸听后大喜，招呼博雅进屋，两人意气相投，畅快地促膝谈心。蝉丸果如博雅所猜测的那样，不但会弹上述两首琵琶秘曲，还在这一晚向博雅亲口传授了秘曲的奏法。

以上故事记载于《今昔物语集》卷二十四《源博雅朝臣，前去见逢坂关盲人》。

12世纪初完成的《江谈抄》（大江匡房著）说话集，也收录了同样的故事。蝉丸的和歌，则被收录在《和汉朗咏集》《新古今集》诸书中。

源博雅生于天元三年（918年），980年过世，官位从三品。源博雅然是醍醐天皇的孙子，其出身应该极为高贵，但藤原道长却批评他说："文章与管弦确实一枝独秀，但却没人比得过他的懒惰。"

此处的"懒惰"，是指源博雅过于热衷音乐，时时偷懒，不务"正业"。而藤原道长口中所谓的"正业"，就那个时代来说，是指钻营，在朝廷内明争暗斗那类事。由此可见，源博雅这个人只要有笛子可吹，有琵琶可弹，就丝毫不在乎到底是谁坐上下一任"关白"或"摄政"的宝座了。

至于盲人蝉丸，是和歌及能乐世界中的著名人物，有众多歌人为他留下各种和歌，能乐谣曲《蝉丸》则述说了他与姐姐在逢坂关偶然相遇的情节。总之，不论和歌或能乐谣曲，蝉丸

▶ 尾形光琳的《百人一首》中的蝉丸：闭目寻思，苦愁隐现。

都与逢坂关密不可分。

滋贺县大津市有三处蝉丸神社，逢坂一丁目有"关蝉丸神社"上社、下社，大谷町有"蝉丸神社"分社。一般说的"关蝉丸神社"，指的是 JR 大津车站徒步约 10 分钟可达的下社。

根据《社传》的记载，朝廷于天庆九年（946 年）在此祭祀了蝉丸，安和二年（969 年）让蝉丸成为"音曲艺道之神"。直至明治维新之前，此神社一直是音曲艺道掌门人的象征，负责发行音曲执照给盲人。以现代观点来看，算是一种保护盲人使之能够靠乐器在各地维生的行政机关。

能乐谣曲《蝉丸》中，把蝉丸叙述成醍醐天皇的第四皇子，又创作出虚构人物——蝉丸的姐姐"逆发"。前者因失明而被丢弃到逢坂，后者因生来头发倒竖（自然卷发），而被丢弃到男山。在能乐中，姐姐逆发是主角，弟弟蝉丸是配角，却都集"贵"与"贱"于一身，姐弟俩偶然在逢坂关相遇，彼此怨叹自己的身世后，又各奔东西了。

现代某些专家，主张历史上或许真有蝉丸这个人，但他并非真正失明，否则他不会在和歌中描述"在逢坂关'看'人来人往……"。啊，世上就是有这种不解风情的专家。人家搞不好正是佛教中所谓的"五浊"之一"见浊"，为了与世间邪说歪理绝缘，才夜夜坐在逢坂暴风声中，"只为了度过长夜，度过人生"呀。

第三节　皿宅邸阿菊（兵库县）

在日本，"阿菊"可以说跟《四谷怪谈》的"阿岩"并驾齐驱，都是日本怪谈的代表人物。几乎所有人都听过阿菊以怨恨的口吻数着"一个、两个、三个……"盘子的故事。

说起来，日本各地都有皿宅邸传说，内容虽不同，但阿菊数盘子的情节都一样。最有名的该属1741年首次在大阪上演的净琉璃《播州皿宅邸》，这个故事背景是兵库县姬路城，至今该城内还留有一口"阿菊井"。

话说1505年，小寺则职身为姬路城城主时，他的家臣青山铁山企图弑君篡位，自己当城主。另一位忠臣衣笠元信察觉了这一阴谋，偷偷让自己的爱妾阿菊到青山家当下女，好侦查其动向。

阿菊得知青山准备在增位山赏花席上毒杀城主，急忙遣人捎信给衣笠。赏花当天，青山劝城主喝下毒酒时，衣笠拔刀砍向青山，宴席演变成两派人马厮杀格斗的场面。结果青山派得胜，城主在衣笠的保护之下，逃亡到濑户内海的家岛。青山则占据了姬路城。

此时，阿菊仍然留在青山家当奸细，继续探察敌情。最后，青山的家臣弹四郎察觉到她的身份，以此事逼迫阿菊嫁给他为妻。深爱衣笠的阿菊严词拒绝了弹四郎，弹四郎便在青山的宴客酒席上偷偷盗藏10个传家宝盘之一，再以遗失宝盘为由，把阿菊捆绑在大树上，加以凌虐刑罚，最后将阿菊惨杀后丢进井里。

从此以后，每到夜里，那口井底便会传出"一个、两个、三个……"这样的哀伤且凄凉的数盘子的声音。当数到第九个时,还会传来女人的啜泣声。之后,又从第一个开始数起。

后来,衣笠派集结有志之士,击败了青山派,小寺则职又回到了姬路城当城主。为了哀悼阿菊,遂将阿菊供奉入十二所神社内。

十二所神社境内有"阿菊神社",现在仍于每年十一月至五月间,每个月第三个礼拜天,在神社境内举办"阿菊跳蚤市场"。五月八日则是阿菊的忌日,每年此时,神社都会举办"阿菊大祭"。祭典中最精彩的节目是"阿菊绘皿竞赛",即让市民用纸盘子画出想象中的阿菊盘子,在祭典期间展览。

附带一提,上述家臣欲篡夺城主地位的事,是史实。作者应是将史实与各地的"阿菊"传说糅合起来,从而塑造出更具说服力的剧情。

江户时代中期,江户名町奉行根岸守信在《耳袋》卷五中也记录了一篇《菊虫之事》。内容概要如下:

▶ 歌川国周所画的歌舞伎名剧《皿屋铺化妆姿镜》演的就是幽灵阿菊的故事。现藏于早稻田大学演剧博物馆。

▶ 大阪市大念佛寺以所藏无名画师的系列幽灵图闻名,其中之一便是手拿瓷盘,从井中现身的阿菊幽灵。

宽政七年（1795年）左右，摄洲（大阪、兵库）某武家宅邸的井里，涌现出无以计数的妖虫，漫天飞舞。乍看之下，其外形很像金花虫或金龟子。仔细一看，却很像女人双手被绑在身后的形状。

元禄期间（1688—1703），青山家担任尼崎城城主时，有位俸禄甚高的家臣名为喜多玄藩，他娶了一位嫉妒心很重的妻子。她为了陷害丈夫宠爱的下女阿菊，偷偷在饭碗内暗藏细针，让阿菊送去给玄藩。差点让针刺伤的玄藩大怒。妻子进谗说是阿菊做的，玄藩竟无情地绑起阿菊，把她倒栽葱地丢进古井淹死。听闻此消息，同样在玄藩家做事的阿菊母亲也跳进同一口古井自尽。日后，或许冥冥中自有因果报应，玄藩家绝后了。

根岸守信最后把这两件事联系在一起，认为：如今领主已

▷ 姬路市阿菊神社内的店铺，连米果鲜贝都以盘子造型来招徕顾客。

▷ 月冈芳年笔下的阿菊，其凄幽的表情，令人同情。

换人，岁月也流逝，去年是阿菊的百年忌辰。那井中出现的妖虫难道是阿菊的遗恨幻化而成的？

冈本绮堂所写的《番町皿宅邸》，则把舞台设在江户，而且改编为恋爱怪谈。故事内容大致是，有位名叫青山播磨（播磨正是兵库县，冈本绮堂可能故意取的这个名字）的旗本，到曲町山王下赏樱，跟町人发生争执，被伯母真弓阻止。伯母劝播磨赶快结婚，但播磨只是苦笑。

原来播磨跟侍婢阿菊是恋人关系，根本无意结婚。阿菊听闻此事后，为了试探播磨，故意摔破青山家的传家宝盘。播磨起初不在意，后来得知阿菊这样做只是为了试探情郎是否真心，一怒之下，拔刀砍死阿菊。播磨气愤的不是盘子破碎，而是阿菊的举动玷污了他的真心。

等到故事被改编成落语（单口相声）时，那就是一出闹剧了。

背景是"忠臣藏"播州赤穗城。据说有位名叫青山铁山的藩士，爱上了下女阿菊。但阿菊是有夫之妇，坚决拒绝了他，青山便藏起传家宝盘之一，以此为由杀死阿菊，并将其尸骸抛进井内。因井底每晚都会传出"一个、两个、三个……"的数盘声，青山最终发狂而死。宅邸自此成为空屋。

时至今日，那口井仍然存在，每晚都有很多人去探险，四周挤满了做生意的小摊贩。某天夜里，阿菊照例数着"一个、两个、三个……"。本来数到第九个就该重头数起，但那晚阿菊竟数到"……十七个、十八个。"

一个听众问："喂，阿菊，不是只有九个吗？"

阿菊回答说："我明天放假，今晚先把明天的份儿顺便数一数呗。"

第四节　妖刀村正（三重县）

镰仓时代后期，名刀匠冈崎五郎入道正宗，他52岁时决意退隐，因此必须选择继承者。当时正宗底下有众多自全国慕名而来的弟子，但真要选接班人时，却只有3人够格。正宗叫来这3位技能相差无几的弟子村正、正近、贞宗，命他们在21日以内各自锻造一把刀。

三把刀完成了，不愧是正宗得意弟子的精心作品，三把刀平分秋色。正宗仔细查看，最后指定贞宗继位。村正不服，请求师傅实际试刀。正宗带三位弟子到河边，将三把刀刀刃面向上游，平行插在水中，接着自上游放入稻草。稻草流至贞宗和正近的刀附近时，稻草松软地卷住了刀刃。但村正的刀却宛如具有生命般吸引着稻草，且稻草刚触及刀刃立即断成两半。正宗见状，便运气发出大喝声，结果卷在正近刀上的稻草随波而去，贞宗的刀却斩断了稻草。

正宗说："理想中的名刀，所求并非锋利。短刃护身，长刀护国，这才是刀剑真正的使命。充满杀气且失去美感的刀，只能称之为恶剑妖刀，而不是名刀。"

这段话的含义是，正近的刀，慑于正宗的喝声，让"敌方"趁机溜走，修为显然不足。村正的刀，在"敌方"还未出手时，便已斩断对方，是谓妖刀。只有贞宗的刀，非必要时不展露身手，必要时则铁石也能斩断，这才是真正的名刀。

以上故事出自1929年出版的《讲谈全集》第六卷短篇之一《受难村正》。

还有一说是，所谓"村正"，并非人名，而是指室町时代至江户时代初期，在伊势（三重县）桑名持续了三四代的刀匠的总称。他们所锻造出的长刀、短刃、长矛等，一律刻上"村正"的刀铭，跟现代的商标一样。以时代来看，后者比较正确，但无论是个人还是群体，"村正"始终被冠上"妖刀"之称，且衍生出了许多传说。

日本目前只有一把"妙法村正"，被指定为特别重要的美术品，原为肥前国（佐贺县、长崎县）佐贺城主锅岛胜茂所持。德川家康本不准臣下持有村正刀，这算是锅岛对幕府的小小"造反"吧。

说起来，"村正"被称为妖刀，原因在于德川家。往昔，德川家仍是三河国（爱知县东南部）乡下大名时，家康的祖父松平清康于天文四年（1535年）跟尾张国（爱知县西半部）织田家作战，那时斩死清康的是松平家的家臣阿部弥七郎，其使用的刀正是"千子村正"（相传千子是第一代村正）。据说清康的伤口自右肩到左侧腹，堪称一刀两断，可见刀刃之锋利。

之后是家康的父亲松平广忠，在天文十四年（1545年），于冈崎城内遭近臣岩松八弥刺杀，这时岩松用的护身短刃，也是村正。广忠虽幸免一死，胯下却受了伤。

接着是家康的嫡长子信康，因蒙受与武田家勾结的内奸嫌疑，织田信长命他切腹。信康切腹时介错人所用的刀，也是"千子村正"。

最后是家康自身在庆长五年（1600年）关之原决战时，在

▷ 葛饰北斋所画的正在努力打铁铸刀的匠人。

检查织田有乐斋儿子杀死的敌将首级，并验看刺死对方的长矛时，一不小心竟伤到了手指。为何家康要特地验看呢？因这柄长矛能刺穿铠甲直达敌将背部——这长矛也是村正。

德川家连续四代均遭村正作祟，家康一气之下，下令所有家臣都不准持有村正。理所当然地，其他大名也不得不转让村正给别人，或将刀铭改为"正宗"。不过，反德川派的丰臣秀吉的旧臣福岛正则、真田幸村、岛津义弘，以及上述的锅岛胜茂等人，反倒暗中收藏起村正。

幕府末期的维新志士，当然更是竞相收购村正，致使村正的价格暴涨。据说西乡隆盛和担任戊辰战争总司令的有栖川宫炽仁亲王（1835—1895），都持有村正。

不过，德川家康的功臣本多忠胜所持天下三长矛之一的"蜻蛉切"的制作者是村正的弟弟，因此也可以说是村正矛。据说有只蜻蛉飞至此长矛的矛头上，结果自己断为两半，故称"蜻蛉切"。

自古以来，日本人便认为名刀有辟邪的力量，《源氏物语》中《夕颜》卷，就描写幽灵于半夜坐在源氏枕畔抱怨，源氏马上取下佩刀搁在身旁。近代作家泉镜花每次打算动笔撰写新小说时，总是在夜深人静家人入睡后，坐在书桌前，拔出珍藏的日本刀，鉴赏把玩一番后，才一气呵成地写成小说。

中国北宋欧阳修有一首诗《日本刀歌》，讲刀兼谈日本，诗句也说"佩服可以禳妖凶"，只是，佩带的如果是妖刀村正的话，不知结果会怎样。

▷ 日本时代小说里，柴田炼三郎创造的"眠狂四郎"，以充满妖魅之气的"圆月刀法"名震江湖，其所佩带的正是"村正妖刀"。

日本刀歌

昆夷道远不复通,世传切玉谁能穷!
宝刀近出日本国,越贾得之沧海东。
鱼皮装贴香木鞘,黄白闲杂鍮与铜。
百金传入好事手,佩服可以禳妖凶。
传闻其国居大岛,土壤沃饶风俗好。
其先徐福诈秦民,采药淹留丱童老。
百工五种与之居,至今器玩皆精巧。
前朝贡献屡往来,士人往往工辞藻。
徐福行时书未焚,逸书百篇今尚存。
令严不许传中国,举世无人识古文。
先王大典藏夷貊,苍波浩荡无通津。
令人感激坐流涕,锈涩短刀何足云。

第五节　葛叶传说（大阪府）

古时候，在村上天皇（926—967）那个时代，摄州（大阪府、兵库县一部分）阿倍野乡，有位 23 岁名为保名的青年。他的父亲安倍保明曾是此地领主。安倍家是名门，祖先阿倍仲麻吕是奈良时代的遣唐留学生，唐名晁衡（亦作朝衡），曾在唐玄宗之下任左补阙、散骑常侍、秘书监等职位，也与唐朝文人李白、杜甫、王维等交情甚笃，终老于唐土。保名是他的第八代子孙。

安倍家虽是名门，但保名却因受骗而失去了所有领地。此外，安倍家有卷代代相传的天文学秘藏文献，记载了天文、历数等阴阳道奥秘。儿子保名很想解读此秘籍，却因家道中落，自己又忙着复兴家门，至今仍未翻阅。为了得偿夙愿，他每月均会前往泉州（大阪府南部）参拜明神。

神社位于信太森，葛藤丛生，连白天也昏昏暗暗，更是狐狸之乡。

某年秋天，保名带着几名随从，到信太森参拜。因那里景色太美，便在神社前搭起幔帐，就地设席张筵，观赏红叶。众随从也轻松自在地与主人推杯换盏，天南地北地闲聊。突然，树林内传来狗叫声及嘈杂的人声。

"发生了什么事？"

众随从全体站起来。此时，两只白狐闯进幔帐。从一边冲至另一边，消失在幔帐外。随后又有一只小白狐奔进来，不知是否因为筋疲力尽，竟在保名眼前呆立不动。看来刚刚那两只白狐应该是眼前这只小白狐的双亲。

"狐狸似乎遭狗追赶了，可怜的小东西，别怕，别怕。"

保名将小白狐藏在长袖下后，数只猛犬猛然闯了进来。一名随从立即拔刀砍死了其中一只，其他狗见状有点畏惧，远远围住主从几人，狂吠不止。之后又冲进来一群武士。

"狐狸逃进这儿了是不是？把狐狸交出来！"

"此地是明神境内，不宜杀生。"保名说。

"什么？"

一名武士拔出长刀，砍向保名。保名也拔出长刀应战。这时，有人大喊："你们想夺取我们追赶的狐狸？不准动我部下一根毫毛！喂，干掉他们！"

来人是河内（大阪府东南部）守护大名石川恒平，他住在石川郡，平素作威作福，不得人心。石川恒平的妻子发了高烧，他听说小狐狸的活肝可以治病，于是便带着部下出来狩猎。

双方刀起刀落，保名的随从虽奋力应战，无奈寡不敌众，接二连三倒地，保名也受了伤，又绊到树根跌倒，几名武士蜂拥而上抓住保名，用粗绳绑住了他。

"把他的头砍下来！"恒平下令。

保名内心担忧那只小白狐不知怎样了，环视四周，不见狐狸的影子，遂安心地闭上眼。武士之一高举长刀，正要挥下时，身后传来雄浑的叫声："慢着。"

众人回头一看，原来身后站着一位僧人。这位僧人是恒平一族皈依的河内国藤井寺住持赖范和尚。恒平吓了一跳。

"住持，您怎么来此地了？"

"在神圣境内砍人家头怎么得了，你们先收起刀，把理由说给老衲听听。"

恒平如此这般地说明了来龙去脉，经住持一番劝诫，他终于答应将保名交给住持处置。住持见恒平一行人离开了树林，就解开了保名身上的粗绳，说："其实老衲是你刚刚相救的那只白狐。"说毕，便恢复小白狐的原形，转身奔进树林。

保名拖着受伤的身子，打算回阿倍野乡，但因方才那场激战，口中干渴，于是四处寻找溪涧。他来到溪涧一看，有位年轻女子正在汲水。女子肩上挑担，正欲用水桶汲水时，却不小心滑落到河里。保名不顾伤口疼痛，奔过去扶起女子。

女子道过谢后，发现了保名的伤口，说："我住在这山后的草庵，请你跟我来，先擦药，再好好休息一下。"

保名原本打算恢复精神后，就马上离去，但因不舍离开女子的精心照料，拖过一天又一天。最后在草庵同女子住了7年，且膝下多了个安倍童子。

日月轮转，又到了某年秋天。此时的保名已完全成为本地人了。这日——正是保名和女子邂逅的纪念日——保名出门种田，妻子在家专心织布。院子里种满了保名精耕细作的菊花。闻着菊花香，妻子心神恍惚，朦朦胧胧中，忽闻身后传来惊叫。

"啊，好可怕呀！"

妻子回过神儿来，看到受惊哭喊的安倍童子，方才明白自己受菊花香气所感，不知不觉地露出了狐狸原形。妻子后悔不已，在草庵的纸门上留下一首和歌："想念我时，请到和泉信太森寻找葛叶。"之后便消失了。

▷ 幕府末期浮世绘名师月冈芳年笔下的葛叶传说，格子窗后的母亲露出狐狸原形，而在地上膝行紧追的童子正是安倍晴明。

突然失去母亲的安倍童子越发伤心，哭哭啼啼，保名回来后看到和歌，背着童子前往信太森。结果，妻子现身说："我是住在信太森的狐狸，7年前，蒙你相救，为了报恩，同你结为夫妻，如今孩子已看到我的真正身份，我也无颜和你们继续生活下去，往后请你代我照料孩子。"

语毕，妻子给了童子一粒智慧玉，便如烟雾般消失了。

此童子，正是日后的阴阳博士安倍晴明。

第六节 役行者小角（奈良县）

役行者小角是修验道的始祖，在日本声望很高，几乎成为古代的超级偶像了。确凿史料中只有《续日本纪》提到了他，其他则是在《日本灵异记》《今昔物语集》《本朝神仙传》《古今著闻集》《源平盛衰记》等说话集中，将他描述成仙人形象，因而变成传说人物，通称"役小角"。

《续日本纪》是平安时代初期编撰的史书，记载了文武天皇元年（697年）至桓武天皇延历十年（791年）之间的历史大事，延历十六年（797年）完成，总计40卷，是奈良时代的基本史料。因此，里面记载的人物都是真实人物。

根据记载，役小角住在奈良县葛城山，会咒术，他因受弟子韩国连广足诬告，于文武天皇三年（699年）被流放伊豆岛。人们传说他会役使妖鬼，让妖鬼汲水、捡柴，若妖鬼不听话，便用咒术绑缚妖鬼。该书又提及，两年后大宝元年（701年）十一月有大赦，但没说明役小角是否在此大赦后回了国。

现今有关役小角的传说内容，均取自822年完成的《日本灵异记》。根据《日本灵异记》上卷第二十八话的记载，役小角生于大和国葛城上郡茂原村（现奈良县御所市），是高贺茂朝臣一族人，也就是安倍晴明的师傅贺茂忠行的祖先。"小角"本义是乐器名，并非头上长角。

役小角从小自习佛法，时常在内心想象乘着五色云，飞到仙人聚集的宫殿与众仙人一起修行，吸收灵气。为此，30过后他仍住在洞窟内，身穿葛藤衣，吃食松叶，经常在清泉中净身，终于习得《孔雀经》咒术以及仙术，能役使妖鬼，也能飞翔。

某天，他命众妖鬼在葛城山与金峰山之间架石桥。两山之间的直线距离大约30千米，其间有高山、山谷、溪涧，因此役小角才想在空中搭石桥吧。

▷ 役行者修炼所在的金峰山图，烟雾弥漫，绝不似在人间。现藏于天理图书馆。

众妖鬼开始动工,却迟迟无法竣工。役小角前去监督,发现众妖鬼白天不工作,无所事事。役小角责问众妖鬼,众妖鬼回说:"这山的主人是一言主神,我们只能听从他的吩咐,但他白天不出现,只在夜晚出现,所以我们也只能在夜晚做工。"

原来,一言主神因长得很丑,不喜欢在白天露面,总是在夜晚行动。

役小角听后大怒,命众妖鬼请一言主神出来,再请求一言

主神于白天也协助众妖鬼架桥,但一言主神不肯。于是役小角用咒术把一言主神绑在葛城深山的大树上。一言主神也运用咒术,附在人身上,向天皇进谗言,说役小角企图灭亡朝廷。天皇派人来抓役小角,但役小角会咒术,来人当然抓不到他,只得抓他的母亲逼役小角就范。如此这般,役小角才被流放伊豆岛。

然而,他在伊豆岛时,白天虽乖乖受刑,夜晚却时常飞到富士山修行。3年后役小角才得以获释。

书中又记载,名僧道照法师奉天皇之命到唐国(中国唐朝)取经,接受500只老虎的恳求,前往新罗国山中说法时,发现有个人混在老虎群中。法师用日语问对方是谁,对方回说是"役优婆塞"(役小角别称)。法师走下讲坛欲寻找那人,那人却已失去踪影。

《日本灵异记》中的这段故事虽过于夸张,但役小角具有某种超能力可能是事实。平安时代,朝廷追赠"行者"尊号给他,之

▶ 役行者法力无边,据说还曾留下一种名为"陀罗尼助"的胃肠药方济世救人。

后才通称"役行者"。江户时代宽政十一年（1799年），光格天皇又追赠"神变大菩萨"尊号给他。从民间观点来看，日本史上可能没人比得过役小角的荣光了。虽然那些都是役小角死后被追赠的尊号吧。

目前可见的役小角雕像，两侧通常有护法鬼神"前鬼""后鬼"。据说两者是夫妇："前鬼"是丈夫，名为"善童鬼"；"后鬼"是妻子，名为"妙童鬼"。我想，这"前鬼""后鬼"应该是役小角生前的随身仆役吧，或许也有两把刷子，所以后人才把他们神化为"前鬼""后鬼"。

▷ 役行者小角,有时称"役行者",有时称"役小角",被誉为"日本古代的超人"。图为奈良大峰山寺以木刻版画印来给信徒供奉的《役行者前后鬼画像》。

第七节　道成寺缘起（和歌山县）

很久很久以前，纪伊国（和歌山县）牟娄郡真砂（往昔是熊野参拜者的宿驿）有位富豪，名庄司，其膝下有个独生女名为清姬。另有一个住在奥州白河（福岛县白河市）的年轻僧人安珍。安珍每年前往熊野参拜时，途中总是在庄司家过夜。

安珍是个美男子。不知何时开始，清姬竟暗恋上了安珍。每年翘首盼望安珍的到来。某天，父亲庄司喝酒时，开玩笑地对清姬说："你知道每年来自奥州的那个僧人吧？我跟他说好了，将来让你们结为夫妻。"

不知女儿心的父亲只是逗弄女儿而已，但心中已燃起恋情火种的女儿，却信以为真，欣喜万分。

这一年，安珍又来了。清姬躲在隐蔽处观察安珍，发觉他俊美依旧，更增添了几分男子气概。当天晚上，清姬按捺不住怀春之情，悄悄潜入安珍房间，单刀直入地问："一树之荫一河之流，皆为前世因缘所促成之果。你什么时候与我结婚？"

安珍大吃一惊，他根本没想过这个问题，甚至今晚才第一次见到清姬。慌张之下，只能对清姬说："我为了达成夙愿，每年到熊野参拜，等我参拜完后，必定再回到这里。"

翌晨，安珍准备动身时，清姬再度嘱咐，参拜完一定要回来。安珍也答应两三天后必定回来。然而，约定的日期到了，安珍却没有回来。清姬坐立不安，干脆跑到外面问路过的旅人，

▷ 月冈芳年所绘,愤怒的清姬,正化身为大蛇,渡过大川,要给负心人一点儿颜色瞧瞧。

有无看到如此这般的僧侣。这个旅人回说,那僧侣已路过真砂,往前赶路去了。清姬不相信,接连问了好几个旅人,得到的答案却都一样。

发狂般的清姬立即动身追赶,终于追上了安珍。不料安珍竟说:"你是否认错人了?"

清姬的怒火再次被点燃,形似女鬼。安珍见状,转身拔腿飞奔。安珍来到日高川,搭船到对岸的日高寺去了。当时,日高寺有僧兵，众僧兵原本不相信安珍说的话，女子怎么可能单独一人在外面跑？而且女子的目的是追赶男子。但僧兵禁不住安珍的恳求，凑巧那时正在补修钟楼，卸下的吊钟被搁在地上，众僧兵便将安珍藏在吊钟内。

清姬追到日高川，只见河面没有小船，水流又迅急。她在河边来来回回地想找到河流缓慢之处，却怎么找也找不到。急火攻心之下，清姬化为大蛇，顺利地游过了日高川。

清姬化身的大蛇边喷吐火焰边爬上石阶，寻遍日高寺的里里外外，最后爬上吊钟，咬着吊钟顶端的龙头，蛇身卷了七层，将吊钟烧得火红，也烧死了躲在吊钟内的安珍。之后，清姬化身的大蛇则流着血泪，昂首沉入附近海湾，自尽而死。

过了几天，日高寺住持做了个怪梦。梦中出现两尾缠在一起的蛇，其中一尾对住持说："我是在吊钟内被活活烧死的安珍，因碰到恶女，而在地狱与恶女结为夫妻，无法成佛。请住持帮我们超度。"

住持真的为他们举办了一场盛大的法事，诵经超度安珍、清姬这对蛇夫妻。

400多年后，日高寺一度名为"钟卷寺"，最后定名"道成寺"。这400年间，寺院也曾几次想铸造新吊钟，却都无法如愿。正平十四年（1359年），新吊钟总算完成了。这天傍晚开始举行吊钟佛事，附近的男信徒都聚集过来。

这时，有位白拍子（平安时代末期出现的男装歌舞女艺人，14世纪逐渐消失）想进入寺内。当时道成寺是女人止步的寺院，当然不能让白拍子进来。但白拍子说："我是纪伊国某乡村的白拍子，想为吊钟献舞。"

白拍子苦苦哀求，寺僧最终让她进来了。她头戴乌帽，身穿白水干（狩衣的一种，平安时代末期为无官位的官人制服，一般大众礼服），在吊钟前开始起舞。

白拍子舞得太热烈，直至信徒归去，寺僧打起瞌睡的半夜时分，仍在起舞。待众寺僧都入睡后，白拍子突然停止舞蹈，奔向吊钟，大叫："我恨这吊钟！我恨这吊钟！"

她一把拉下吊钟，钻进吊钟底下。最年长的住持向大家说明，道成寺正是因为清姬大蛇那事，才禁止女人入内的。没想到400多年后，清姬的遗恨还未消退。

于是众寺僧在半夜进行大诵经。诵经达到高潮时，吊钟缓缓升起，里面出现一尾喷吐火焰的大蛇。但因诵经法力阻止，大蛇无法烧毁吊钟，反而全身着火，滚落石阶，一路滚进了日高川。

《道成寺缘起》绘卷是道成寺的寺宝，也是日本的国宝，总计2卷40米。据说是应永三十四年（1427年）完成的。这部绘卷原文中的主角，并非清姬与安珍，只写着"僧""女"。《今昔物语集》卷十四第三话的故事中，也是"僧""女"而已。能乐《道成寺》中的僧侣和女人、白拍子当然也没有固定名字，是在江户时代编成净琉璃、歌舞伎剧时，才为主角取名为"安珍""清姬"的。

此外，道成寺在宽永十一年（1634年）一度成为废寺，直至宽保二年（1741年）"道成寺缘起"的传说被净琉璃化以后，香火才再度旺盛起来。之前，这则传说经过住持说给香客听，或行脚僧四处说书，逐渐深入民间，最后被编成净琉璃。目前每年有十二三万人前往道成寺参拜。

第五章　关西（近畿）地方（本州岛）　/ 169

▷ 歌川丰国笔下的"白拍子"，看似温柔，却是要来给身后"吊钟"好看的。

第六章 中国地方(本州岛)

第一节　因幡白兔（鸟取县）

大国主神是出云大社祭神，也是古代国家"苇原中国"的建国之神，更是日本七福神之一的"大黑"神。现代，大国主神仍是日本众神的统治者。每年"神无月"（十月），众神会在出云聚集，充当月下老人，联结远方各地男女，为他们牵红线。因此，全国只有出云（岛根县）称十月为"神在月"。

话说大国主神年轻时，有众多异母兄弟，总称八十神。这些异母兄弟都是些邪心很重的神，老想排挤大国主神，故意刁难他。

某日，众兄弟为了向因幡国（鸟取县）八上姬求婚，命大国主神当随从，负责背负众兄弟的行李。一行人来到气多岬海岸时，发现有只全身皮被剥掉的兔子，在海边哭哭啼啼。

八十神见状，故作同情地说："好可怜，好可怜呀。不要哭了，你到海中洗一洗，再到高处让风吹干，就没事了。"

白兔照办，结果伤口泡到咸海水，更加痛苦不堪。

背着一大堆行李，落后众兄弟来到气多岬的大国主神，看到兔子气息奄奄，问："怎么了？"

白兔说："我被洪水冲流到淤岐岛，想要回到本土，却没法过来。于是我骗鲨鱼说，我们来比比看，到底是鲨鱼一族多，还是兔子一族多，你们在海中排成一列直到气多岬，我在你们背上数。"

鲨鱼真的在海中排成一列，白兔也在他们背上数数，离海岸还有一步时，兔子兴奋过度，脱口骂道："笨蛋，你们都被我骗了！"

鲨鱼大怒之下，当场把白兔剥成裸身。

大国主神听毕，向白兔建议道："你先到河川用淡水洗身，再摘下河岸生长的香蒲花粉，在花粉上滚一滚，就会恢复原状了。"

白兔照着做，果然恢复了原来的兔皮。这白兔正是"因幡白兔"，也就是"兔神"。白兔为了报恩，向大国主神预言："八十神求婚八成失败，即使你背着行李，八上姬还是会选你当夫婿。"

八上姬果然选择了大国主神。之后，大国主神继续遭受众兄弟的迫害，好几次差点丧命，所幸每次都获得了母神和祖神

▷《因幡白兔》是日本著名童话。昭和初期《讲谈社绘本》丛书，便将之收录其中。

的救助，最后逃到了黄泉国，日后还统一了出云，成为地上国"苇原中国"的建国之神。

附带一提，鸟取县鸟取市白兔海岸距离淤岐岛约 100 米。海岸附近有祭祀白兔的"白兔神社"。

▷ 白兔海岸旁的白兔神社外，大国主神与白兔雕像常相伴左右。

第二节　出云阿国（岛根县）

庆长八年（1603年）四月，京都北野天满宫境内西边广场人山人海。原来三方围着帘幕的舞台上，有位女扮男装的演员正在演戏。这位装扮成美男子的女子，正是"阿国歌舞团"团长阿国，也是日本歌舞伎剧创始者。

阿国是出云（岛根县）人，本为出云大社女巫，有一年为了募集修复神殿的经费，率领其他女巫周游诸国。阿国因天生丽质，又擅长歌舞，起初只是一边唱歌一边捶钲，顺势跳着故乡的神乐舞。

由于阿国一行人的服装是黑色僧衣，跳的又是井然有序的团体舞，令人耳目一新，广受好评。到京都演出后，阿国一行人的人气更旺，却也掀起了模仿热潮，一些游女（妓女）纷纷组成歌舞团，有样学样起来。

这时，阿国遇见了闻名京都的花花公子名古屋山三郎。

山三郎本为会津若松城主蒲生氏乡的家僮，因主君阵亡，24岁便成为浪人。山三郎的身份虽是浪人，但有亡君遗产，经济方面不成问题。于是他便在京都拈花惹草，四处留情，艳名远播。

山三郎似乎有音乐舞蹈方面的天赋才能，他为阿国出了许多独创一格的点子，举凡舞蹈、作曲、伴奏人的吆喝、舞台演出、华丽舞台服装，以及中间插演的"猿若狂言"（滑稽短剧），

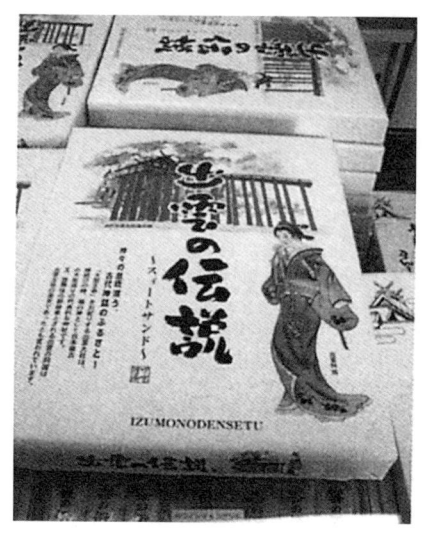

▷ 出云大社附近商家出售的"出云传说"甜点,以阿国为卖点。

都十分出色,让"阿国歌舞团"成为"阿国剧团",开创了新天地。

可惜的是,后来,山三郎出任信州(长野县)松代城主的家臣,因与同僚不合,死在同僚的剑下。但"阿国剧团"仍然持续了下去,且名声愈来愈响亮。演员有女扮男装的,也有男扮女装的,被当时人称为"倾"戏剧,"倾"的发音为"kabuki",意思是"奇装异服,标新立异",而这也正是日后"歌舞伎"的发音。

到了第三代将军时,由于女歌舞伎剧玉石混淆、参差不齐,许多剧团假借戏剧之名进行色情交易。幕府基于风纪考虑,下令"禁止女子登台",歌舞伎剧于是变成清一色的男人世界了。

据说,阿国晚年回到故乡,落发成尼,享年 87 岁。但不知这个传闻的真假,且她生前到底过着什么样的生活,因史料

第六章 中国地方（本州岛） / 177

▷ 大和文华馆所藏《阿国歌舞伎草纸》。图中即云出阿国在京都演出歌舞的模样。

不载,几乎无从考证。仅在京都四条"南座"西边,有座"阿国歌舞伎发祥地"纪念碑,起源于江户时代京都四条设有歌舞伎剧戏棚,而"南座"正是由戏棚逐步发展而成的剧院。

▷ 在阿国的故乡,她晚年所住的连歌庵旁,后人竖立了一木质浮雕,用以纪念这位歌舞伎创始者。

第三节 桃太郎（冈山县）

《桃太郎》居于日本民间故事榜首，这个故事的起源正是冈山县的"吉备温罗妖鬼传说"。我们先来看看《桃太郎》的故事：

很久很久以前，有一对老夫妇。老公公每天到山中砍柴，老婆婆每天到河边洗衣。某天，老婆婆在河边洗衣时，自上游漂来一个桃子。老婆婆捞起桃子，打算带回家跟老公公一起吃。

正要剖开桃子时，桃子自动裂开，里面出现了一个哇哇大哭的婴儿。老公公和老婆婆为婴儿取名"桃太郎"。

桃太郎逐渐长大，身强力壮。某天，他听说远方的海上有座"鬼岛"，那里住着许多妖鬼，鬼岛城内还有堆积如山的财宝。桃太郎决定到鬼岛去惩治妖鬼，夺取宝藏。他带着老婆婆做的糯米丸子动身了。

途中，桃太郎在山上遇见了一条狗，那狗向桃太郎要了一个糯米丸子，跟在桃太郎身边当随从。来到森林时，桃太郎又遇见一只猴子，猴子也向桃太郎要了一个糯米丸子，跟在桃太郎身边当随从。接着来到草原，桃太郎遇见一只雉鸡，那雉鸡也得了一个糯米丸子并成为桃太郎的随从。桃太郎便带着这三个随从渡海抵达鬼岛。

如此这般，勇敢的桃太郎不但击败了众妖鬼，也带回了金

> 明治年间,民间画师笔下的桃太郎跟猴子、狗、雉鸡。胖嘟嘟的桃太郎显得很憨厚,实在不像能打败鬼王的厉害角色。

银财宝。

"吉备温罗妖鬼传说"则大致如下：

很久很久以前，吉备国（冈山县与广岛县东部）上空飞来了一个异国人，名为温罗，据说他是百济国王子。他双眼如狼，炯炯有神，头发火红且卷曲，身高4.7米（一丈四尺），力大无比，心狠手辣。

▷ 备中神乐中的鬼王面具。

他在新山山顶筑城，抢劫旅人的行李或打劫海上路过的船舶，为非作歹。故，人们称温罗居城为"鬼城"。当时的孝灵天皇（公元前3世纪末，第七代天皇）派遣勇将来征讨温罗，却每战必败。最后由皇子吉备津彦出马，前往讨伐。

吉备津彦带着弟弟以及犬养部、猿养部、鸟养部三随从，自难波（大阪）港出发。抵达吉备国时，当地的渔夫以糯米丸子款待他们。一行人吃了糯米丸子，补足战力后，终于击败了温罗，将他枭首，高悬示众。

谁知被悬挂着的温罗头颅，每天大喊大叫，让村人无法安眠。吉备津彦命狗啃食头颅，温罗成了骷髅，却还是呐喊不已，吉备不胜其烦，干脆把骷髅埋到神社的炉灶底下。

然而，骷髅依旧呻吟不止，叫声甚至传至邻村。吉备束手无策，不知如何是好。直到某夜，温罗出现在吉备梦中，要求让他的妻子阿曾女守在炉灶旁，负责生火。吉备醒来后照办，温罗果然不再鬼叫了。

从那时起，"鸣釜神事"便成为吉备津神社特有的问卜仪式了。

神社内的"御釜殿"里面有座土制炉灶，上面搁着铁锅，铁锅上又放了蒸笼。名为"阿曾女"的巫女每天早上供奉"神馔"，并在一旁负责生火，让蒸笼持续冒气。若有人问卜，神官便在铁锅前念祝词（咒文），巫女则摇晃蒸笼内的糙米。此时，糙米便会发出妖鬼呻吟般的声音。祝词结束，声音随即停止。神官和巫女不会说明吉凶祸福，一切全由问卜者按声音大小高

▷ "鸣釜神事"是吉备神社独有的问卜仪式，神宫、巫女什么玄机都不透露，吉凶祸福自己判断。

低，自行判断。

在上田秋成（1734—1809）所写的江户怪谈名作《雨月夜语》中，也有一篇以吉备津神社的"鸣釜神事"为故事骨架的《吉备津之釜》。内容大概如下：

吉备国庭妹村有个名叫井泽庄太夫的富农。他的祖父曾在播磨（兵库县西南部）守护大名赤松家当家臣。赤松家在嘉吉元年（1441年）的战乱中灭亡，井泽家这才搬到庭妹村。到了庄太夫这代，井泽家总算成为富农了。

庄太夫有个独生子正太郎，他讨厌农事，成天吃喝玩乐，沉溺女色。庄太夫夫妇很是担忧，老两口暗地商量，认为若给儿子找个好媳妇，或许可以让他收心。

所幸有人介绍："吉备津神社香央神主有个女儿，天生秀丽，也很孝顺。琴棋书画更是样样精通。而且神主家的先祖是古代鸭别命（吉备津彦曾孙），算得上名门之后，娶进来一定会走鸿运的。"

就这样，婚事讲成，只待婚礼之日。香央家因是神主，为了女儿的幸福，便举行"鸣釜神事"，好卜个吉凶。但不知是否神明不赞成这桩婚事，开水沸腾后，铁锅竟闷声不响。

神主很是不安，跟妻子商量。妻子回答说："肯定是念祝词的神官事前没做斋戒祓禊。井泽家是武士后裔，现在拒绝也来不及了。再说，女儿听说对方长得很俊秀，早已芳心暗许，每天都扳着手指算日子哩。"

神主的女儿名叫矶良。她嫁到井泽家以后，早起晚睡料理大小家事，照顾公婆更是无微不至。正太郎也很满意，刚开始，夫妻俩亲亲热热。不久之后，正太郎却又开始涉足风月场所，爱上了一个名叫阿袖的妓女，正太郎为她赎了身，在住家附近金屋藏娇。

于是，父亲庄太夫趁儿子回家时，把他关了禁闭，不让他出门。某日，正太郎对矶良说："看你这么温柔地对待我，我真

▷ 昭和初年一般小学国语读本都有桃太郎的故事，插图精美，动感十足。

是惭愧,很想重新做人。可是,阿袖无亲无故,我要是抛弃了她,她肯定得重操旧业,那样太可怜了。我打算送她到京都,让她到有钱人家去做事。但我身无分文,你能否帮我筹措她的旅费?"

矶良听了很高兴，便偷偷变卖了自己的衣物，还向娘家商借，凑了一笔钱给正太郎。不料正太郎竟拿着这笔钱跟阿袖私奔了。矶良闻讯后，当即病倒。虽经公婆悉心照料，矶良依然日渐消瘦。

正太郎和阿袖逃到播磨印南郡荒井村。这里有位阿袖的亲戚，名叫彦六。两人住下来不久，阿袖也病倒了，发高烧，说梦话，7天后，不幸过世。

正太郎忘不了阿袖，终日愁眉苦脸，每天傍晚都会到阿袖的坟墓前凭吊。某一天，他在坟场看到一名女子正对着一座新坟悲叹，情不自禁地向对方搭讪："啊，好可怜，这么年轻就来坟场扫墓。"

"噢，这是我主人的坟墓，女主人因哀伤过度，卧病在床，我代她来烧香献花。主人本来是这地方的世家，因受人陷害，失去了领地。女主人是远近闻名的美女，连邻国都知道，家主人正是为了她才失去家产的。"女子说。

正太郎听后很感兴趣，要求女子带他去探望这位女主人。两人来到树林内一栋房子中，女子领他进屋，来到里房。房内有一扇屏风，露出一角被褥。正太郎说："您丧夫又生病，真是让人同情。我也方才丧妻，很能体会您的心境，特地前来探望。"

女主人在屏风后说："在这里遇见你正好。我要让你也尝尝我所经历的痛苦。"

正太郎仔细一看，从屏风后露出苍白脸庞的女主人，正是自己遗弃在故乡的妻子矶良。正太郎大叫一声，昏迷倒地。再度苏醒时，正太郎发现自己身在一座供养堂内，里面只有一尊古旧佛像。

正太郎连滚带爬地逃回家中，彦六听毕来龙去脉，带着正太郎到邻村某阴阳师家收惊驱邪。阴阳师说："此阴魂于 7 天前过世，人死后会在阳世停留 49 天，所以还剩 42 天。这期间你必须闭门谢客，紧闭门窗，否则性命难保。"

阴阳师在正太郎全身写下咒文，又给他一大堆朱砂写成的护符，叫他贴在每扇门窗之上。当天夜里，正太郎听到有人在门外喃喃自语："啊，真是可恨，这儿也贴了护符。"就这么一句，再没有发生任何事。

隔天早上，正太郎敲了敲墙壁，把昨晚的事大声告诉了彦六。到了夜晚，彦六隔着墙壁，也陪正太郎熬夜。矶良阴魂虽然每夜都来，却因护符阻挡无法进屋，只能夜夜哀叹："啊，这儿也贴了护符！"如此平安无事过了 41 个夜晚。

最后一晚，五更天将亮时，正太郎迫不及待地呼唤彦六："42 天结束了，我好久没看到你，想跟你聊聊这些天的苦闷，你快起来吧。我也出去了。"

倘若彦六警戒心够强，他或许会警告正太郎，要等天空全亮时再出来。彦六或许也因闷得脑筋不清楚，竟说："看来没事了，你过来吧。"

语毕，彦六起身开门，才开一半，就听到隔壁传来一声惨叫。彦六跌坐在地，随即抓起斧头，冲出门外。来到外面一看，人整个愣住了。原来此时天还没亮，月亮还高挂在空中，风正呼呼地吹着。正太郎家的大门敞开着，人却不见了踪影。他在附近四处寻找，怎么找也找不着正太郎。

彦六很是纳闷，提着灯火进到正太郎家仔细查看。这才发现门旁的墙上，有一摊鲜血。他无意中抬头一看，又发现屋檐下挂着一束发髻。其他的就什么都没有了。天亮后，彦六又到附近的深山搜寻，依然毫无所获，只得将此事通知井泽家，井泽家也转告了香央家。

世人则赞叹阴阳师料事如神，也因此越发相信"鸣釜神事"确实灵验无比。

第四节 稻生物怪录（广岛县）

对日本妖怪感兴趣的人，应该都知道《稻生物怪录》绘卷。这个故事从江户时代以来便令日本学者及作家心醉，到了平成时代仍以电影、漫画等形式流传世间。其原因在于这个故事不是虚构的，而是实录。

故事主角是出身备后国（广岛县东部）三次郡（现三次市）武士家庭的稻生平太郎，生于1734年。12岁时有了个弟弟，但不久父母相继过世，家中只剩下他、弟弟以及一个仆人。

1750年，平太郎16岁，弟弟4岁。5月末的某个夜晚，平太郎和邻家一个名叫权八的退休相扑力士比勇气，进行"百物语"（日本的一种传统游戏，夜里大家聚在一起，点蜡烛说鬼怪故事，说完一个便吹熄一根蜡烛，据说最后一根熄灭时，鬼怪就会出现）。轮流讲完"百物语"后，半夜，两人抽签决定谁去附近的比熊山试胆。

比熊山的山顶有座古墓和石塔，当地自古传说谁若触碰到古墓，就会引出妖怪。平太郎和权八比胆量的压轴戏，便是要在古墓上挂上一个木牌。结果平太郎抽中签。他如约上山挂了木牌，回来后，却一切平安，不曾发生什么事。

然而，从7月1日开始，稻生家每晚都会出现各式各样的妖怪，不但吓走了仆人，几天过后，连权八和一大堆自认胆大包天的年轻邻人，也都不敢再陪平太郎过夜了。平太郎把弟弟交给叔叔照顾,单独一人跟妖怪折腾了整整一个月。

最后一晚,出现了个武士打扮的人,自称"妖怪首领",名为山本五郎左卫门。他对平太郎说,他在比熊山看到平太郎所挂的木牌,觉得他实在太胆大妄为了,决心好好跟他玩一玩。所以率领大小妖怪下山来,本以为闹上几天,平太郎就会逃之夭夭,没想到他硬是撑了下来,妖怪们越闹越有趣,情不自禁地逗留了一整月。

山本五郎左卫门最后说,如今他们必须前往九州了,所以特地现身向平太郎致意并辞行。翌日之后,妖怪果然都不再出现了。

平太郎将这段亲身经历记录下来,而平太郎的同僚,具有藩医身份的柏正甫,也依据平太郎的描述记录下这段经历。日后,江户国学者平田笃胤(1776—1843)又根据"柏本"编撰了4卷《稻生物怪录》,付梓印行。

其他如《耳囊》也在其卷五《艺州引马山妖怪之事》中记录了这个故事。明治时代以后,严谷小波的《平太郎妖怪日记》、泉镜花的《草迷宫》、田中贡太郎的《魔王物语》、折口信夫的《稻生物怪录》、稻垣足穗的《怀念的七月》《山本五郎左卫门现将解散》《稻生家妖怪竞赛》等,都是依据此故事改写的小说。

现代作家作品则有荒俣宏的《帝都幻谈》,漫画有宇河宏树的《朝雾的巫女》。由于漫画、动画广受好评,三次市成了著名观光景点。

电影方面则有2005年上演的《妖怪大战争》(荒俣宏原著,三池崇史导演)。这部电影有个特色,就是编制小组由赫赫有名的妖怪作家组成:水木茂、荒俣宏、京极夏彦、宫部美幸,而且四人都参加了演出。宫部美幸饰演作家，荒俣宏饰演山本五郎左卫门，京极夏彦和水木茂则分别饰演妖怪之一。此外，这部电影还把日本推理作家协会理事长，也是畅销作家的大泽在昌拉了进来，让他饰演喜欢读书的流浪汉。这也难怪，因为大泽、京极、宫部有个共同的事务所——"大极宫"，三人私下交情很好。

总之，提到日本妖怪史，绝对不能漏掉《稻生物怪录》。至于平太郎到底遇到了哪些怪事？

7月1日，纸门像着火般，从中伸出一只巨大的手，想抓住平太郎。

7月2日，众多友人聚集在稻生家，但榻榻米却一张一张浮起，吓得众人逃之夭夭。

7月5日，木屐在房内乱飞。

7月6日，从厨房飞出米袋。

7月7日，有只指头长满手的大手，摸平太郎的脸，害得平太郎整夜睡不着。

7月10日，油灯火烧得既细又长，高达天花板。

7月11、12日，平太郎找人做了陷阱，但饵食被取走，撒了米糠，出现巨人足迹。

7月13日，平太郎从西乡寺借来的药师琉璃光如来画像挂轴，香炉和香炉台浮至半空。

7月15日，屋后的泡菜桶莫名跑到了厨房。平太郎躲进蚊帐内休息，香炉和香炉台乱飞乱撒灰。

7月16日，天花板自己往下落。

7月17日，出现众多有五官并放声大笑的圆形物体。

▷《稻田物怪录》只有一种,但绘卷有好几个版本,画出来的妖怪也不尽相同,图为其中最有名的一种,面对长着女头的大手不停朝自己身上乱摸,平太郎显得非常苦恼。

7月18日，出现会伸缩的细长手。

7月19日，天花板逐渐下落，平太郎的头穿过了天花板。

7月20日，平太郎请陷阱名人做了陷阱，但一只大手把平太郎从藏身之处抓了出来。

7月23日，浴盆自己乱滚动。

7月25日，平太郎请人来鸣弦辟邪，仪式正要开始时，弦却断了。

7月27日，出现一张每个网洞都有脸的罗网。

7月28日，平太郎想从窄廊到院子去，却踏上怪物，脚底黏糊糊的，无法走路。

7月29日，平太郎到仓房取火炭，仓房的入口处被一张老太婆的脸挡住，无法进去。

7月30日，妖怪首领山本五郎左卫门出现。

够可怕了吧？家里出现这么多妖怪，一般人吓都吓死了，平太郎却硬是守卫家园，与众妖怪整整周旋了一个月，到最后"见怪不怪"，果然其怪就自败了。

第五节　无耳芳一（山口县）

日本本州最西端的山口县关门海峡，自古以来即是防御外患的要塞地带。寿永二年（1183年），后白河法皇下令讨伐在京城荣华鼎盛的平氏一族，征讨大将是源义经。平氏历经一之谷决战、屋岛决战等历史上有名的败战后，一路往西逃难。

平氏一族最后来到本州最末端的赤间关（下关）坛之浦。平氏决定在坛之浦同源义经决一死战，这是以平氏一族兴亡为赌注的背水之战。但无情的潮水、悲鸣的大海并没站在平氏这一边，潮流决定了史上有名的"源平坛之浦海战"的胜负。寿永四年（1185年）三月二十四日，平氏一族的残兵败将，伴随当时仅7岁的第八十一代天皇安德天皇陆续跳海自尽，结束了70年间盛衰荣辱的家运。

此后，坛之浦一带的海面经常发生灵异现象。据说，月圆之夜，海面会传来呐喊喧嚣声；暴雨暗夜，海面则会出现众多鬼火；浓雾之日，还可以看到忽隐忽现的船只和人影，并听到铜锣、弓箭、刀枪等在战斗中发出的声音。甚至连这一带的螃蟹，也因为甲壳上长着类似充满愤怒、怨恨、恸哭的人脸的花纹，而被称为"平家蟹"。

关于平家的传说很多，但山口县坛之浦的《无耳芳一》应该是其中最出名的一个。这个传说，最早是由一位名叫一夕散人的作者，记载于天明二年（1782年）在京都刊行的《卧游奇

第六章　中国地方（本州岛）　/ 195

▷《平家物语绘本》中二品抱着年幼的安德天皇，准备投海的场面。

谈》第二卷《琵琶秘曲泣幽灵》里的。日后著名的《怪谈》作者小泉八云也写了《无耳芳一》,在日本广为流传。两者的故事内容几乎一模一样。大致如下:

坛之浦海边有座小寺院,名为阿弥陀寺(现为赤间神宫),是为了安抚祭祀平氏一族的怨灵而建。寺院附近住着个失明青年芳一。芳一自小擅弹琵琶,琴艺精湛至极。当地人都说,芳一可能是琵琶之神蝉丸法师或其弟子源博雅投胎转世。尤其在他弹唱起《平家物语》时,听众无一不落泪。

最了解芳一才能的人,正是阿弥陀寺住持。住持让芳一住进寺院,有空时就倾听芳一弹唱《平家物语》:

"祇园精舍钟声,诉说诸行无常,娑罗双树花色,道尽盛者必衰之理。骄奢者不长久,只因春夜如梦;威猛者终灭亡,如风中之尘土……"

某个闷热的夜晚,住持带着小和尚外出做法事,寺院内只有芳一一人。夜深时分,住持还没回来,芳一无所事事,只好坐在面对后院的窄廊随兴弹着琵琶。不一会儿,芳一听到从后门逐渐靠近的脚步声,脚步声在芳一面前停了下来。接着响起了低沉的呼唤声:

"芳一!"

芳一吓了一跳,因为那声音很陌生。

"请问是……是哪位?我眼睛看不见……"

"在下奉家主人之命而来。主人身份高贵,这回为了观赏坛之浦合战遗迹,带着众多随从来到赤间关,住宿在这附近。听闻您很会弹唱《平家物语》,主人很想听听。请您跟我来。"

芳一虽然看不见眼前到底是何方神圣,但通过对方的声音,

▷ 江户绘本所见的"无耳芳一"故事，受邀弹唱《平家物语》的失明琵琶师芳一，全然不知聆听琴声的是一群幽灵鬼魂。

芳一猜想对方必是全副武装的武士。对方的主人既然"身份高贵",很可能是京城公卿。芳一虽担忧自己深夜出行,住持回来找不着人,可能会担忧。但听武士的口气似乎又不容他拒绝,芳一只得点头。

武士带领芳一来到一座大宅门前。芳一暗忖,这附近,只有阿弥陀寺山门,怎么还会有其他宅邸大门?武士下令:"开门!"两人进入后,芳一立刻感知到匆促打开纸门、格子纸窗、板门的声音,以及人来人往、点燃灯火、女人走路时衣服下摆的摩擦声、熏香味等。

有双柔软的手牵起芳一的手,带领他穿过庭院,爬上阶梯,走过长长的走廊,又踏过数不清有几席大的榻榻米房,最后抵达一间疑似大厅的房内。芳一可以感觉到大厅聚集了很多人。四周不时传来窃窃私语声;有男有女,而且说的是宫廷用语。

带路人让芳一坐在大厅中央的座垫上,接着传来类似宫中女官的老妇声音:"我们想听你弹唱《平家物语》,你开始吧。"

"可是,《平家物语》总计 200 首,光一个晚上弹唱不完……请问该从哪一首开始?"

"《坛之浦》。"

芳一点头,抱起琵琶,铮铮然开始弹唱。一旦弹起,芳一的心便飞到那个腥风血雨、乱箭俱发的赤间关海面:死斗,骚乱,狂叫。大厅不时传来"噢,果然是名不虚传的琵琶法师!""京城也找不到这样的名手!""仿佛又回到当时了。"的感叹。

弹到祖母身怀三种神器之八尺琼曲玉和天丛云剑,搂抱着年幼的天皇跳进海中时,大厅突然静止下来,随即传来一波又一波的啜泣声。

"祖母要带我去哪里?"7岁的安德天皇问。

"我要带你到名为极乐的地方。海底也有京城。"祖母二品尼回答。

大厅的啜泣声此时已变成悲叹、抽泣、呻吟、哆嗦、扭身、号啕……

芳一终于弹唱完毕,大厅再度陷入沉寂。过了一会儿,方才那老妇的声音又响起来:"果然是琵琶名手,殿

▶ 7岁的安德天皇,尚不知人间事,便被迫跳海自杀。

下也听得入迷。日后定会给你奖赏的。但明晚你必须再来,连续六夜,在殿下面前表演。不过,因殿下这回是微服出行,今晚之事,请务必保密。"

如此连续几夜,武士都来迎接芳一。芳一因整夜都在弹唱琵琶,白天在寺院则睡得如死人。住持察觉有异,便要小和尚、打杂仆人等监视芳一的行动。

那晚,凑巧是雨夜,仆人看到芳一快步自后门出去,于是便提着灯笼跟在其身后。然而风雨交加,灯笼随即熄灭。芳一明明是盲人,却健步如飞。不一会儿,仆人便跟丢了。他一家家讯问附近人家,却都没有芳一的下落,只得先回了寺院。

不料,回来后仆人却又隐约听到琵琶声,循声去找,竟在寺院后山的坟场,看到芳一坐在漆黑的树林中,全神贯注地在

弹唱《坛之浦》。仆人硬拉芳一回到寺院，并向住持报告了来龙去脉。芳一这才坦白说出几夜来所发生的事。住持听毕，沉吟许久，最后说："芳一，你知道你每晚在谁面前弹唱吗？"

"是在一栋豪华宅邸，对着高贵的殿下和许多宫廷人弹唱。"

"不，那栋豪宅是后山树林，也正是平氏一族的坟场。你今晚是坐在安德天皇的坟前，不顾风吹雨打，全心弹唱琵琶。你知道吗？"

芳一听毕，吓得脸上顿时失去血色。

"一旦听从要求，连续弹唱六夜，最终只怕你会跟随他们沦入地狱。不，在此之前，你的精气便会尽失，肉体就撑不住了。"

住持说毕，将芳一全身脱个精光，再命众和尚帮忙，在芳一的躯体上，用毛笔密密麻麻地写上《般若心经》经文，从头顶写至脚底。

"这样就可以了。芳一，你听好，要救你，现在只有这个方法了。今晚你照样坐在窄廊弹琵琶，等对方前来。但是，无论发生什么事，你都不能张口出声，也不能动，只能牢牢坐着。只要沉默一晚，撑过去，你就可以得救了。"

当天夜晚，住持仍外出帮忙做法事。芳一全裸着坐在窄廊，身上写满黑字经文，手上弹着琵琶。不久，武士来了。

"芳一！"

芳一悄悄搁下琵琶。纹丝不动。大气也不敢喘一声。

"芳一！奇怪？到哪里去了？没回应，也不见人影……噢，这里有琵琶……咦？这是什么？琵琶法师只留下了琵琶和耳朵，人不在？算了，把耳朵带回去，当作法师不在的证据吧。"

原来，武士眼里看到的是，窄廊半空浮着一双耳朵。漆黑中,芳一感觉双耳一阵火辣疼痛,却不敢动弹,更不敢哀叫。

天亮前,住持回来了,赶忙到后院寻找芳一。只见芳一全身血迹斑斑,仍在打坐冥想。住持大喊,芳一方才回过神来,哇的一声大哭出来,哽咽着诉说昨夜所发生的事情。

住持这才恍然大悟,原来他忘了在芳一的双耳上也写下经文。"啊,芳一,对不起,原谅我,我忘了在耳朵上写下经文。不过请放心,你已经得救,怨灵不会再来找你去弹琵琶了。"

虽然失去了双耳,但芳一的琴艺却比以前更加成熟圆融了,并因此而名满天下,人们为他取名"无耳芳一"。

➤ 现存于下关赤间神宫里的芳一木像,他的耳朵似乎还在呢。

第七章 四国地方（四国）

第一节　浦岛太郎（香川县）

浦岛太郎的传说非常古老，最古老的记录是《日本书纪》（720年成书，共30卷）中的《雄略纪》，其他如《丹后国风土记》《万叶集》等也都有记载。之后，这个传说一直到江户时代，始终以不同内容在各种说话集、和歌，以及大众书籍中四处流传，明治时代以后，才固定成目前的故事。明治四十三年（1910年），当时的文部省将此故事列入小学二年级教科书，在之后长达40年，每个日本人于小学二年级时都会读到这个故事。明治四十四年（1911年），浦岛太郎的故事又被改编为小学音乐课歌曲，现代日本人也几乎都会唱这首童谣。

事实上，日本各地的浦岛太郎传说各异其趣：东北地方的浦岛太郎的职业是砍柴人或烧炭人；在岛根县和福岛县的传说中，故事发生的地点不是龙宫而是四季庭园；在福井县及熊本县，浦岛太郎所得的宝物是个可以听得懂动物语言的"听耳"；京都的传说让浦岛太郎打开盒子，变成仙鹤再度飞回龙宫；冲绳县的浦岛太郎得到了两个盒子，打开其中之一，里面是镜子，照了镜子，浦岛太郎发现自己白发苍苍，打开另一个盒子后，浦岛太郎便死了。

香川县庄内半岛的版本则是这样的：有一名40来岁的男人，钓鱼时三度钓到海龟，三度都将海龟放生。龙宫公主因此派船来接他到龙宫玩。这个男人便是浦岛太郎。浦岛太郎在龙

▷ 浮世绘画师铃木春信所画,手拿钓竿,跨骑海龟,准备游龙宫去的浦岛太郎。

宫过了三年,告辞时,公主给了他一个三层宝盒。浦岛太郎回家后,发现故乡已面目全非,纳闷之余,便出于好奇打开了盒子。第一层盒子装了仙鹤羽毛,第二层盒子冒出白烟,第三层盒子中出现了一面镜子,一照之下,镜子中出现了一位老爷爷。最后,仙鹤羽毛粘在浦岛太郎背上,浦岛太郎飞到半空,与龙宫公主相逢,两人一起婆娑起舞。据说,这正是民谣"伊势音头"鹤龟舞的起源。

至于全国普及版的浦岛太郎故事,内容如下:

很久很久以前,某地有位名叫浦岛太郎的渔夫。他是个孝子,家中父母都已年老,靠着他每天打鱼维持一家的生计。某天,他在海边遇到一群吵吵嚷嚷的孩子,挨近一看,原来孩子们正在捉弄一只海龟。浦岛太郎大声斥责,赶走了孩子。谁知海龟竟口出人语,对浦岛太郎说:"你救了我一条命,我很感激,为了报恩,请坐到我的背上,我带你去一个很好玩儿的地方。"

浦岛太郎坐在龟背上,海龟缓缓爬入海中,奇怪的是,浦岛太郎在海中也能呼吸了。海中各类鱼虾还过来向海龟打招呼。不一会儿,珊瑚群中出现一座宫殿。

"那就是龙宫。"海龟说。

有位美如天仙的女子自宫殿里出来,对浦岛太郎说:"谢谢你救了我的海龟臣子。我是龙宫公主,请在龙宫尽情玩乐吧。"

浦岛太郎在龙宫内每天接受款待,吃尽山珍海味,喝尽美酒饮料。就这样,不知过了几天,浦岛太郎开始担忧起家中父母。某天,他终于向龙宫公主说:"公主,我很担忧留在村里的老父老母。"

"是吗?你想回去了?虽然舍不得,但好像也没办法。

▷ 木雕窗棂所见的浦岛太郎故事,骑着海龟的他,正抬头注视着龙宫公主。

唉……"

公主给了浦岛太郎一个玉匣,又说:"这里面装满了我们在龙宫一起度过的幸福时光的记忆,无论发生什么事,你千万不能打开。"

浦岛太郎怀揣玉匣,再度乘坐海龟,回到了故乡村落。谁知村落整个变了样,不但遇不见一个熟人,连家中屋顶、墙壁都已倒塌,更遍寻不着自己父母亲的影子。凑巧有人路过,浦岛太郎急忙询问,那人说:"以前确实有个名叫浦岛太郎的住在这里,但那是我曾祖父那个时代的事了。有天他到海边打鱼,就一直没回来。他的父母早就过世了。"

浦岛太郎大吃一惊,没想到他在龙宫只过了几天,村里却已流逝了这么久的岁月。浦岛太郎不知如何是好,从怀中取出玉匣,直愣愣地望着玉匣。公主说玉匣装满了他在龙宫的幸福回忆,打开来,到底会怎样呢?

浦岛太郎犹豫了一会儿,终于抵挡不住好奇心的诱惑,打开了玉匣。玉匣内冒出一阵白烟,浦岛太郎顿时变成了满头白发的老爷爷。

第二节　阿波狸合战（德岛县）

四国有很多关于狸猫的传说，岛内各地的狸猫传说总计多达四五十个，其中以德岛县的"阿波狸合战"最有名，为日本三大狸猫传说之一。四国面积有 18882 平方千米，人口有 400 多万，往昔分为阿波国、赞岐国、伊予国、土佐国，现为德岛县、香川县、爱媛县、高知县。

据说，平安时代弘法大师（空海）在四国设立八十八道场寺院时，由于狐狸太过聪明狡猾，所以把所有狐狸都赶出了四国，只留下老实开朗的狸猫，且特别宠爱狸猫。因此四国罕见狐狸，可以说是狸猫的天下。

话说江户时代天保十年（1837 年），阿波国小松岛日开野村，有家染坊大和屋，主人名为茂右卫门。

某天，茂右卫门自外归来，发现铺子的伙计捉住了一只狸猫，正打算杀掉它煮成狸猫汤，大家闹成一团。茂右卫门见状，大声斥责众伙计："狸猫自古以来便是四国地方的宠物，不许杀害，给它吃点儿东西，然后放它走吧！"

过了几天，铺子内一名来自胜浦的小学徒，也是低能儿的万吉，竟然以明快流利的口吻跟主人说："以前曾在中田桂林寺一旁，蒙主人相救，当时名叫金长狸。那时跟着主人回到铺子，留住在附近，没想到这回又蒙主人救了一条命。以后我会住在铺子里，用心显灵保护主人一家。"

> 狸猫是日本人非常喜欢的动物,关于其传说有很多。狸猫的最大特征是阴囊可自由膨胀。图为歌川国芳所画,顽皮的狸猫正在学天狗,戏弄过路的狐狸。

铺子里的伙计以为万吉发疯了，主人却想起一件往事。

当年，在茂右卫门还是伙计时，某次他出门办事，路过桂林寺，发现有一群小孩用棍子在捅狸猫穴。茂右卫门给了小孩们几个钱，制止他们恶作剧。归途，茂右卫门突然觉得双肩很是沉重。回家后，家人看到他背部沾满泥巴，问他是否在某处摔倒或是发生什么特别的事了，但茂右卫门全无自己沾上泥巴的记忆，只觉得莫名其妙。

如今方才恍然大悟，原来金长狸当时跟着他回来，并住到铺子附近了。前几天金长狸不小心被伙计抓到，现在则是附到万吉身上了。

金长狸说要显灵之后，大和屋果然生意兴隆，成了大铺子。茂右卫门为表谢意，便在庭院里兴建了一座小神社，祭祀金长狸。

数年后，金长狸前往津田浦六右卫门狸那儿修行。六右卫门是四国首长狸，有资格颁发官位给四国各地的狸猫。金长狸每天努力修行，逐日增强技艺。

六右卫门狸有个女儿名叫鹿子姬。不知不觉中，鹿子姬竟爱上了才貌双全的金长狸。但金长狸因仍处于弟子身份，无法接受鹿子姬的青睐。鹿子姬只能静待金长狸修行结束那天的到来。

日子一天天过去，六右卫门狸眼见金长狸逐渐展露头角，深恐金长狸日后可能超越自己，于是对金长狸说："你跟我家鹿子姬结婚，入赘我家吧。"

"有位名叫茂右卫门的人，两次救了我的性命，是我的大恩人。我必须回去报恩，所以很抱歉……"金长狸郑重地拒绝了六右卫门狸。

修行结束后，金长狸带着自己的手下藤木鹰狸，向六右卫门狸告辞，决心回到小松岛日开野村。

六右卫门狸手下有四大天王：川岛的九右卫门狸、九右卫门狸的弟弟作右卫门狸、多度津的役右卫门狸、屋岛的八兵卫狸。四大天王极力反对首长放金长狸回去。因为金长狸能力太强，他们深恐日后金长狸会在小松岛成为新兴势力，对己方不利。经过商讨，六右卫门狸决定在金长狸动身之前将其暗杀。

得知此事的鹿子姬，遣乳母阿松到金长狸的住处通知他。结果，六右卫门狸派了数十只狸手下攻打金长狸和藤木鹰狸，由于寡不敌众，藤木鹰狸为了掩护金长狸，死在川岛的九右卫门狸手下。

金长狸好不容易才逃回日开野村，众狸猫伙伴听到身为四国首长的六右卫门狸，竟然使出如此卑鄙的手段，无一不怒发冲冠。藤木鹰狸的儿子小鹰狸和熊鹰狸，更发誓要替父亲报仇。

如此一来，双方决定开战。鹿子姬为了心上人金长狸，苦苦恳求父亲，六右卫门狸却置之不理，鹿子姬左右为难，最终自杀身亡。她还以为以死劝谏，或许父亲会觉悟，取消这场决战。谁知，六右卫门狸将鹿子姬的死又怪罪到了金长狸头上。

金长狸听闻鹿子姬的乳母阿松遣人送来的噩耗后，召集了众多伙伴并肩作战：德岛的庚申新八狸、临江寺的阿松狸、妙长寺的阿睦狸、寺岛的赤门狸、八万的万福狸、立江的地藏狸、八幡社的阿山狸、天神的森火玉狸、芝生的高塔狸、根井的阿玉狸、中乡的卫门三郎狸，加上藤木小鹰狸和藤木熊鹰狸，各个地方头目加手下，总计 600 兵力。而六右卫门狸这边也召集了 600 兵力。

第一次合战是金长狸军率先攻打首长狸所在的观音城，最后，观音城被攻陷，首长六右卫门狸死在金长狸的手下。不过，金长狸也身负重伤，几天后就过世了。

金长狸在遗言中，让藤木小鹰狸继承第二代金长狸之位。本来离家到屋岛修行的首长六右卫门狸的儿子千住太郎狸，则回到津田继承了父亲的首领之位。双方再度开战。

第二次合战发生在胜浦川江田河滩。双方隔着河川，东西对峙，宛如"关之原合战"，右岸是金长狸军，左岸是首长狸军。然而，"关之原合战"只打了半天便奠定了天下大局，而狸猫合战却打了三天三夜，依然不分胜负。

据说，双方激战得狸尸累累，河水通红，犹如战国时代武田信玄和上杉谦信之间的"川中岛合战"。只是，"川中岛合战"持续了 12 年，总计 5 次；"胜浦江合战"却在第二次时，经由屋岛的秃狸从中调解而落幕了。自此，阿波国狸猫世界一分为二，彼此井水不犯河水。

现代作家井上久曾根据这一传说创作了长篇小说《腹鼓记》，于昭和十四年（1939 年）由蒲池正纪导演的电影《阿波狸合战》更是风靡一时，甚至拯救了当时面临破产的电影公司。最近则有宫崎骏吉卜力工作室制作的《平成砰砰狸合战》，虽然内容不同，但底本所根据的正是这一传说。

以上传说中出现的狸猫，多半还各有自身的传说，尤其最

▶ 下雨时忘了带伞也没关系,狸猫鼓起阴囊,便可以遮雨了。这是江户画师竹原春泉斋很有名的一幅作品。

后出面调解的屋岛秃狸,也很有名。

"阿波狸合战"传说,从某个角度来看,或可视为地方势力争夺的缩影,若分析当时的社会背景,当能推敲得出一个比较接近的答案。

四国是"御遍路"之国。"御遍路"就是到四国八十八道场巡礼的人,身穿白衣,头戴三角斗笠,手持金刚杖和念珠,步行一两个月到88处道场巡礼,全程约1500千米。

▶ 参拜四国八十八道场的"御遍路",其穿着打扮、行住坐卧都有一定的规矩。

江户时代之前,大概只有出家人才会这样苦行。江户中期以后,旅游相对普遍,一般庶民为了祈愿,也会千里迢迢来到四国巡礼。当时的交通工具虽有轿子或驿马,但除非家财万贯,否则一般都是徒步前往的。

来自全国各地的"御遍路",在抵达四国之前,旅途中很可能因遭遇强盗而丧失财物,也很可能生病或出其他意外。总之,某些人即便能抵达四国,也很可能已沦为类似乞丐的下场。这些人想回乡也回不去,只得在四国定居下来,过着半乞讨的生活。时日一久,便成为类似中国武侠作品中江湖社会上所谓的"丐帮"。当时能千里迢迢来到四国巡礼的人,原本应当有固定收入以及相当的社会地位,其中自然不乏大铺子掌柜或伙计,人才济济。这些人才沦落江湖,很自然地凭其聪明才智,成为丐帮

▷ 井上久曾所写的《腹鼓记》一书的封面。

头目，自立组织。金长狸帮就是其中的新兴势力，六右卫门狸帮则为旧势力，两者利益冲突，地盘相叠，也就免不了一场火拼了。

当然，以上纯属猜测，并非真有文献可考，我只是认为，如此猜测可能比较符合时代背景，也比较有趣。

▷ 德岛县小松岛的《金长狸》铜像，据说是世界上最大的一尊。

第三节 河童的约定（爱媛县）

承应年间（1652—1655），有位爱媛县绿村（南宇和郡城边町）村长的妻子，虽然是女性，却是全村皆知的大力士。

某天，她出门办事，归途经过河边，看到两个孩子在河中玩水。因是傍晚，天快黑了，她叮嘱孩子们："日头要下山了，赶快回家吧。"

两个孩子却不听，继续在水中玩得不亦乐乎。村长的妻子打算抓住孩子，把两人带回去。不料，孩子的动作敏捷，左闪右躲，她抓了老半天，才总算手到擒来。村长的妻子一口气背起两个孩子，准备上岸。没想到孩子们竟哀求起来："对不起，我们不是人类的孩子，是河童。请放开我们吧。"

村长的妻子猛然想起最近村里时常发生河童恶作剧的事，便对两个孩子说："你们要是答应以后不再恶作剧，我就放你们走。要不然，就把你们交给村里的年轻人，让他们教训你们一顿。"

"我们以后绝不恶作剧了，要是有孩子溺水，我们也一定会拯救他们，请放我们回去吧。"

河童跟村长的妻子约定好之后，就返身沉进了河底。

第二天早上，村长的妻子发现大门的小钉子上挂着很多鱼，地面还搁着一个盘子。村长妻子暗忖，小钉子就可以挂这么多鱼，要是换成大钉子，肯定能挂更多。于是贪小便宜的她把小

▷ 河童是日本四大妖怪之一。图为江户著名怪谈随笔《耳袋》中所记载的河童形状。

钉子换成了大大的鹿角，谁知河童却再也不送鱼来了。

河童是日本四大妖怪之一，其他三种分别是妖鬼、天狗、妖狐。据说河童身高 1 米左右，鼻子跟嘴巴连在一起，头顶有个类似盘子的盛水凹处，双臂伸缩自如，手脚都有蹼，是两栖动物。大多住在河川、湖泊中。

因为河童很喜欢吃胡瓜，所以日本濒河地区，都习惯把第一次结果的胡瓜丢进河里，献给河童，这一仪式过后，才允许居民下河玩水。有些地区更相信吃了胡瓜下水，会被河童挖掉肛门。因为这一传说，传统的"胡瓜寿司卷"，名称就成了"河童卷"（kappamaki）。反之，河童非常讨厌铁制品和鹿角，且爱跟人类玩相扑。据说只要让河童鞠躬，将他头顶那盘水倒掉，河童就会失去力量，输给人类。

被人类捉住时，善良的河童便会跟人类立下种种约定，不是送鱼，就是传授灵丹妙药的配方。

冈本绮堂在《风俗江户物语》随笔中，曾提到东京墨田区北十间川是河童出没的著名场所。又说，往昔有位旗本于某个

▷ 河童又名"水虎"。江户妖怪画师鸟山石燕笔下的水虎，就不怎么可爱了。

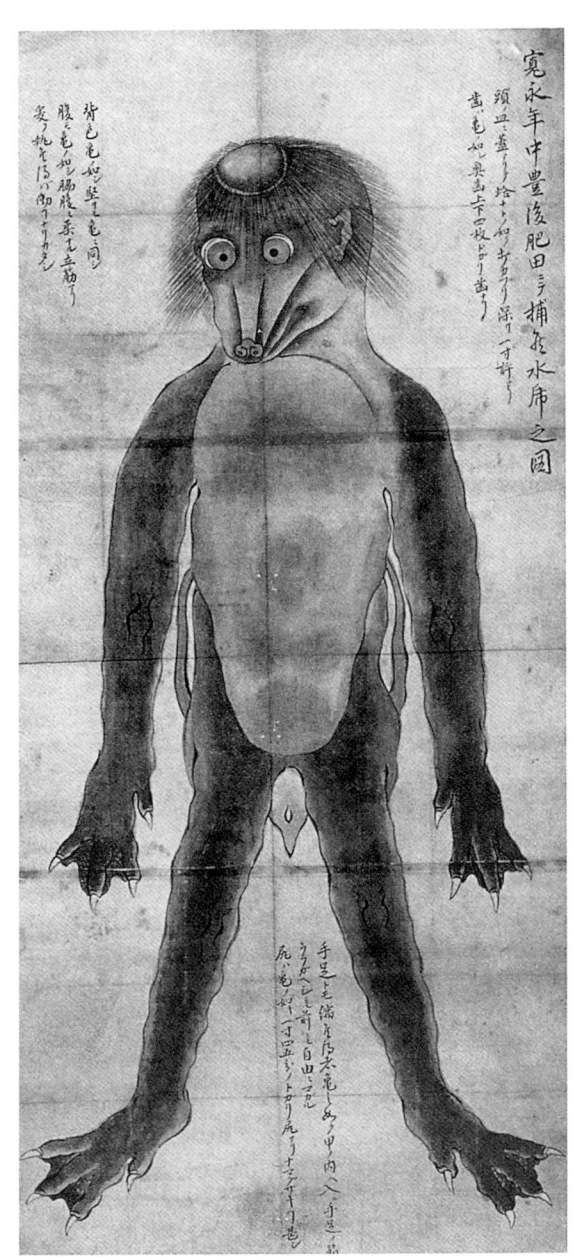

▷ 日本的河童就像美国的大脚怪，很多人都说是真实存在的。图为宽永年间（1642—1644）在丰厚肥田地方所捕获的河童，人们言之凿凿，图像也栩栩如生。

雨夜，在虎门护城河旁赶路时，发现前面有个不撑伞、全身湿淋淋的孩子，拖着衣服下摆走路。旗本对那孩子说："喂，把下摆扎到腰上。"小孩却不理不睬，旗本赶上前去，从背后掀起孩子的衣摆，谁知孩子的屁股竟射出一道亮光，旗本吓了一大跳，顺手把孩子丢进了护城河。

事后，他深恐万一是人类的孩子，丢错了可就惨啦，第二天特地到现场查看，结果不但没发现尸体，而且附近一带也毫无关于孩子下落的风声。旗本因此认定那个孩子若不是河童就是水獭。

江户后期文人大田南亩（1749—1823）在其随笔《一话一言》中，也提到曲町有家糖果铺，老板名叫十兵卫。某天傍晚，他看到有个孩子在铺子前玩，便拿了块糖果给孩子吃。此后，每天傍晚，那孩子都会来要糖果。

十兵卫觉得很奇怪，有天跟在孩子身后，打算看看他住在哪里。没想到走着走着，孩子竟跳进护城河，失去了踪影。过了一阵子，那孩子又来了，不发一言，搁下一钱硬币就走了，从此再也不曾出现。十兵卫从未看过那种硬币，据说硬币一面刻着十二干支，另一面是河童游泳的花纹。

现代的河童"骚动"，则以1985年长崎对马严原町发生的事件最为出名。话说当年八月一日，当时71岁的城崎龙介老先生，夜晚钓鱼结束，骑着自行车回家时，途中看到一个全身赤裸、身高约1米、披头散发的孩子。那孩子从草丛中出现，横穿马路，钻进另一边的草丛内，之后跳进路旁的河中。

老先生以为是夜钓人带孩子来帮忙的，就没放在心上。第二天早上5点多，老先生又出门钓鱼，来到昨晚遇见那孩子的地方，发现地面有类似湿润斑点的奇怪足迹，连绵长达 20 米。老先生依然没放在心上，径自去钓鱼。

中午，艳阳高照，老先生回家吃饭，在归途中发现那足迹仍未消失。若是普通足迹，应该早已晒干，不留痕迹。老先生心里纳闷儿，便下车去用手触摸，结果手指沾上茶褐色黏糊糊的液体。每个足迹长约 20 厘米，宽约 10 厘米，三角形。老先生后来将此事告诉了在公所做事的儿子。

町内公务员和警察全体出动，到现场查看。这才发现河川对岸也有相同的足迹。媒体争先恐后地对这件事进行了报道，令河童"骚动"波及了全国。可惜警察虽提取了黏液，却没进行进一步的成分分析，最后丢弃了。不知是认为荒唐无稽，还是事件闹得太大，不敢分析？

附带一提，既是作家也是舞台美术家的妹尾河童，本名原是"肇"，"河童"是绰号，后因绰号比本名响亮，干脆于 1970 年改名，把户籍上的本名改为"河童"。因此妹尾河童是如假包换的本名，而不是笔名。

第四节　犬神（高知县）

土佐国（高知县）最有名的恐怕是犬神了。这是一种世代相传的家系，是一种逃不开，也无法摆脱的"标志"。也就是说，一旦生在"犬神血统"之家，除非你离开故乡搬到大都市住，否则当地人会永远视你为"犬神"家系，不愿意跟你通婚。

关于"犬神"的起源有各种说法，比较普遍的传说是：昔日某人非常憎恨另一人，为了报仇雪恨，将自家爱犬埋在土中，只露出头部，再拜托爱犬帮他雪恨，最后砍下狗头烧掉，收入神龛祭祀。成为"犬神"的狗灵魂，不但可以为主人报仇，也会带来财富。其后代便是"犬神血统"家系。简单来说，这是一种民间咒术。

成为"犬神"的狗儿，灵魂只有鼬鼠般大小。祭祀犬神的人家，必须在每年的三月三日、五月五日、九月九日、十二月二十四日分别举行"犬神祭"。若不祭祀的话，犬神就会跑出来使坏——这算是一种守护神，也是作祟神。因犬神神格较低，不大会判断是非，才会跑出来使坏。

据说"犬神血统"之家的人，如果非常憎恨某人，或对某人的喜怒哀乐感情达到至极点时，犬神就会附在对方身上，让对方发高烧，产生幻觉，甚至精神失常。这时，患者这方必须请阴阳师来判明到底是被哪家犬神附身。因四国岛是道场之国，有很多阴阳师,据说其祖先就是安倍晴明与芦屋道满。一旦阴阳师判断出被哪家犬神附身,患者这方只要拜托"犬神血统"家好好祭祀家中犬神,不要让它跑出来恶作剧,便会痊愈了。

现代人听来,这种传说似乎很荒唐,但这却是四国的真实民俗信仰。历史上也发生过不少无法解释的例子。日本文化学者小松和彦,在其所著的《凭灵信仰论》一书中,便举出了一个这样的案例。

话说某个村落有个"非犬神血统"之家的年轻媳妇,有时会出现精神失常的举动,请了阴阳师来看过后,判断是附近某"犬神血统"家的犬神在作怪。那媳妇经阴阳师和医师治疗后,虽然恢复正常,不久却又失常了。如此这般,病情时好时坏,再三反复。最后,"犬神血统"之家受不了四周的敌视眼光,不得不搬离该

▷ 犬神是一种咒术,但也有以犬为主祀的神社,这时候变成"大口真神"了。

村。"犬神血统"一走,那媳妇也完全恢复正常了。

然而,"犬神血统"家在故乡有山林田地,偶尔也得返乡管理这些土地。每逢"犬神血统"家回来,年轻媳妇便会发病。奇怪的是,只要"犬神血统"家一走,那媳妇随后就会痊愈。村人因目睹了两者之间的奇特联系,只得相信这是犬神在作怪。

这个例子是否全然无法从科学角度来解释?当然,从精神分析学来看,这或许跟潜意识的暗示什么的有关,无非还是精神病的一种。不过,在土佐,一般人不愿意与"犬神血统"之家通婚的习俗,却至今还存在着。

附带一提,德岛县也有"犬神血统"的说法,不过是代代相传给女性。女儿满15岁时,母亲就会将操纵犬神的咒术及装有犬神灵魂的坛子传承给女儿。

▷ 江户妖怪画师鸟山石燕笔下的犬神,俨然一副神官派头。

第八章 九州島地方（九州島）

第一节　百合若大臣（福冈县）

嵯峨天皇（809—823）时代，西九州那一带海盗猖獗，朝廷按伊势神宫神谕，命左大臣独生子百合若前往讨伐。百合若是硬弓名人，他马上命锻冶职人制造了一张长283厘米（8尺5寸）、粗20.6厘米（6寸2分），箭长120厘米（3尺6寸）的铁弓。

百合若率领的士兵船队，足足花了三年功夫，才将西海海域的海盗完全歼灭。凯旋之际，为了让部下休息，百合若特别选在系岛半岛3千米外的玄界岛（自博多港搭船约1小时）靠岸登陆。登陆后，大伙围起帷幕，摆酒设宴，大吃大喝了起来。百合若也情不自禁酩酊大醉，靠着树干呼呼大睡起来。

部下别府贞澄和别府贞贯两兄弟，眼看百合若睡得很沉，便商讨了起来。

"平定海盗凯旋归去，一定可以领取很多奖赏，不过，赏赐大概都会让百合若大人给独占了。我们能得到多少呢？"

"干脆趁他熟睡，把他丢在这里，我们回京城去，跟朝廷报告百合若大人战死就好了。"

兄弟俩说做就做，果真把百合若抬到某处藏匿起来，再哭丧着脸向士兵们谎称，天有不测风云，百合若因打仗时中箭负伤，原本好转的伤口突然恶化，过世了。他们兄弟二人已应百合若的遗言，将其埋在孤岛上了，随后便率领船队返回京城。

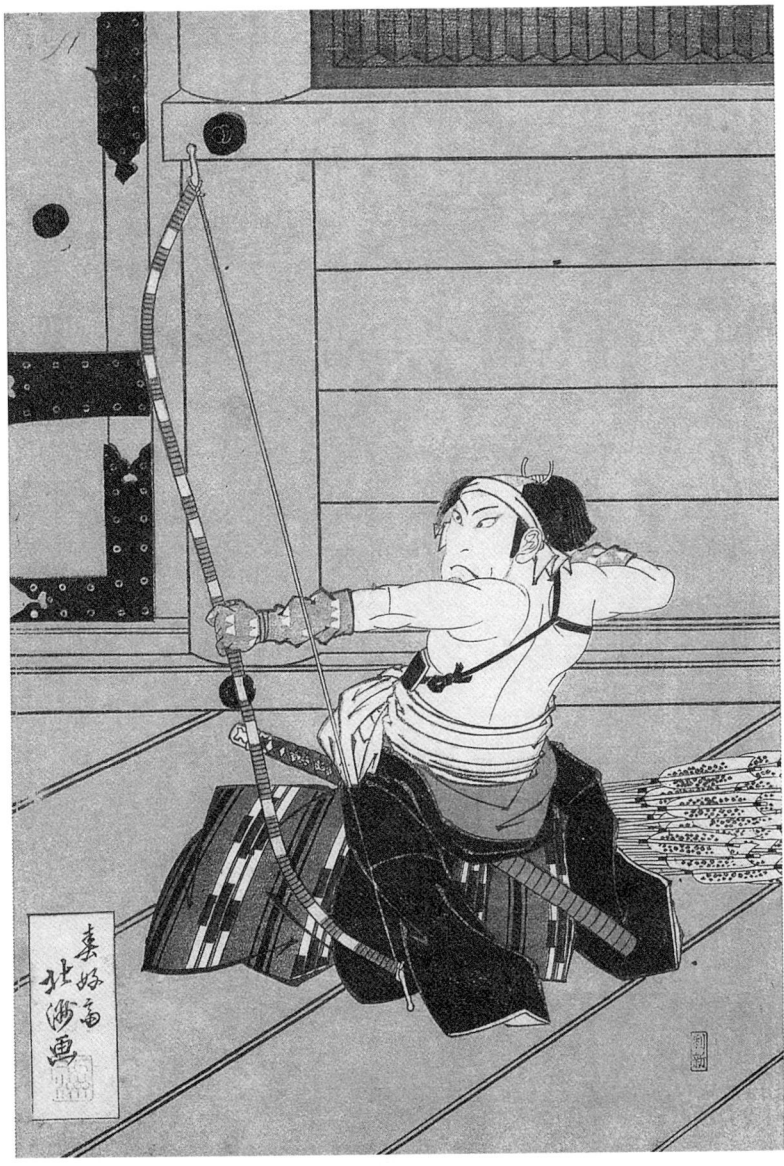

▷ 百合若铁弓拉满，箭法如神，十分吓人。图为江户浮世绘画师笔下武士拉弓射箭的模样，或可想见百合若的英武神威。

百合若足足睡了三天三夜，醒来时，只见四周无人，起初还觉得莫名其妙，最后才察觉自己遭到了遗弃。然而，海面没任何船只。他爬到小丘眺望，也只见到一望无际的大海。他只得仰赖海菜、贝壳、小鱼，艰苦求生。

而别府兄弟这边向朝廷报告百合若战死，两人独占了各种奖赏，并将百合若的盔甲、铁弓、佩刀送至宅邸，交给百合若的夫人春日姬。春日姬是大纳言的女儿，聪慧贞淑，她虽然觉得别府兄弟的话前后矛盾，却也无法确认事实，只能每天以泪洗面，思念故人。

春日姬将百合若深爱的各种物品和马匹都献给了寺院，也放走了他狩猎用的猎犬和老鹰。其中，有只苍鹰名为"绿丸"，始终不肯飞离。某天，女侍在它面前搁了个小饭团，绿丸才衔着饭团往西飞去了。

绿丸整整飞了三天，抵达玄界岛，在百合若身边搁下饭团。百合若发现眼前这只苍鹰正是自己珍爱的绿丸，又惊又喜，百感交集，便咬破手指，用血在阔叶上写下自己未死的消息，缠缚在绿丸的尾巴之上，让它带回去。

春日姬看到阔叶上写的字，得知夫君没死，急忙挑送笔墨纸砚给百合若。不幸的是，由于物品太重，加上长距离飞行，绿丸在玄界岛海边，竟体力不支，掉落海中。百合若在海边捡拾海菜时，发现了绿丸的尸体，打开包裹，才明白是春日姬送来的东西。心里既高兴又难过，却也无可奈何。

如此过了好一段日子，某天，有艘渔船漂流至玄界岛，因此机缘，百合若得以返回本土。只是他担心别府兄弟派人暗杀自己，因此改名"苔丸"，静待时机。

第八章 九州岛地方（九州岛） / 233

▷ 葛饰北斋所画的苍鹰图。百合若所饲养的"绿丸"也当如是!

第二年的一月七日，宫内照例举行射箭竞赛。百合若披头散发，留了一大把胡子，乔装为拾箭人，混入宫内。百合若在仪式上故意贬斥射箭人。别府兄弟听后，十分不服气，下令让百合若也射射看。

百合若说："最好是硬弓，而且愈硬愈好。"

于是，别府兄弟命人准备了10张硬弓，百合若将其全部拉断，嫌说太软了。别府兄弟于是命人到寺院借来百合若特制的铁弓。从春日姬将这柄弓献给寺院后，至今还没人能拉开这张铁弓。百合若看到铁弓，轻而易举拉出满弦，并将箭头对准别府兄弟。

"你们以为我是谁？我正是去年被你们遗弃在西海孤岛的百合若！"

围观的人看百合若拉开铁弓，也听出了他的声音，当场纷纷跪拜。别府兄弟完全没想到百合若竟能生还，惊慌失措地跪地求饶。不过，百合若最终还是将两兄弟流放到了孤岛，让他们也尝尝落难的滋味。

如今玄界岛已非无人岛，但人口只有700人左右。环岛一周约4千米，凡事都利用岛内广播通知。岛内小鹰神社正是祭祀绿丸的神社。百合若大臣的传说则经由净琉璃、歌舞伎剧等流传全国，每年平均约有1.4万名游客到此观光。

第二节　锅岛妖猫骚动（佐贺县）

佐贺三十五万七千石的第二代藩主锅岛光茂，很喜欢下围棋。某天，他在江户宅邸和家臣龙造寺又八郎下棋，两人因胜负问题大声争吵了起来，被激怒了的光茂，愤然拔刀砍死了又八郎，并命家臣小森半左卫门偷偷埋掉尸体。

又八郎的妻子阿政不知情，手抱平素疼爱的黑猫耐心等待丈夫归来。然而，丈夫却毫无音讯，始终没回来。既担心又害怕的阿政，四处打听，最终得知藩主杀死了她的丈夫。阿政非常悲愤，却想不出什么方法去报仇。某一天，伤心欲绝的她对黑猫说："我死后会附在你身上，你一定要替又八郎复仇。"

说完，阿政抱着黑猫用护身短刀刺进喉咙自尽了。全身沾满鲜血的黑猫舔啜了主人的鲜血后，便不知所踪了。

阿政死后不久，半左卫门的母亲开始不吃饭，三餐光吃鱼，半夜还爬起来偷吃鱼，而且脾气变得很古怪，以前很爱洗澡，现在却不洗了。某天夜晚，半左卫门听到厨房传来窸窸窣窣的声音，过去探看，竟发现母亲手脚着地趴在地板上，直接用嘴巴啃吃生鱼。他大吃一惊，仔细一看，母亲的脸竟然成了黑猫。

半左卫门拔刀踢开纸门，砍向黑猫脸的母亲。黑猫纵身一跳，对半左卫门说："我是龙造寺又八郎的妻子阿政生前宠爱的黑猫，阿政的灵魂附在我身上，我又附到你母亲身上。偷埋又八郎那事，你应该还没忘记吧？"

黑猫说毕，便从厨房后门逃走。半左卫门立即向藩主报告了此事，藩主听后面无血色。

　　过了几天，故乡佐贺城传来消息，说是有只黑妖猫出现在城外，夜夜作怪，闹得人畜不安，举城骚动。当时从江户到佐贺，至少要花半个月的时间，但那只黑猫只花了几天便跑到了佐贺。这一消息更令光茂坐立不安。

　　这个时候，藩主光茂留驻江户期间刚好届满，于是准备整装返回佐贺城。黑猫不知于何时潜入城内，咬死了藩主宠爱的侧室阿丰，化身为阿丰，并且咬死了阿丰身边的所有侍女，让其他妖猫幻化为侍女。

　　到了夜里，众妖猫群聚到光茂的房间，想尽法子折磨光茂，光茂终于不支病倒。阿丰召集了家臣，开始代为发号施令，俨然成了藩主。城内也分裂为两派，一派拥立阿丰，另一派排挤阿丰。

　　没人怀疑阿丰的真面目，只有半左卫门因经历过母亲的事，对阿丰起了疑心。他命长矛高手千布本右卫门监视阿丰的行动。

　　某夜，本右卫门藏身藩主房外，听到光茂的痛苦呻吟。他探头一看，发现格子纸窗映出一只巨猫的影子。本右卫门马上掷出手中长矛。房内传出悲鸣，长矛正中妖猫的心脏。

　　第二天早上，有人在城内一隅发现喉咙被咬断了的阿丰的尸骸。

　　这一怪谈在日本非常有名，是说书、歌舞伎剧的题材之一。而且它是根据事实改编而成的。

　　话说佐贺城城主龙造寺隆信本来是称霸北九州的战国大名，却于天正十二年（1584年）在和居于劣势的岛津、有马两军对垒时，不幸身亡。龙造寺隆信的家业由儿子政家继承，家老是锅岛直茂。

天正十五年（1587年），丰臣秀吉平定九州，他看穿城主政家是个庸才，便重用家老锅岛直茂。文禄（1592年）、庆长（1597年）两次向朝鲜出兵时，便由直茂指挥龙造寺军，直茂成为掌握领主实权的人。

▶ 歌川国芳笔下绑起头巾跳起舞来的"猫骚动"。

日后，秀吉下令政家退隐，由当时年方 5 岁的儿子高房继位，直茂成为监护人。这时，直茂写下誓愿文，答应在高房 15 岁时，归还国政。在订立该约定的 10 年后，也就是庆长五年（1600年），凑巧碰上关之原战役，直茂征战有功，德川家康便封他为藩主了。

7 年后，22 岁的高房怀恨自尽，他的父亲政家也跟着病逝。不久，佐贺城下町便发生了很多怪事，有人看到高房身穿白服在町内出没，原本是高房重臣，后来却背叛他、转而投靠直茂的石井主水和久纳市右卫门，突然莫名其妙地发疯身亡。直茂也在让位给儿子胜茂后，于元和六年（1618年）耳朵上长了个

▷ 浮世绘中锅岛妖猫骚动的歌舞伎造型之一：妖猫与锅岛光茂。

▷ 锅岛妖猫骚动的歌舞伎造型之二：小森半左卫门。

赘瘤，一直化脓不已，最后竟因此怪病而过世。

这些事情分别记载于《元茂公谱》，此书是记录胜茂的儿子元茂事迹的真实史料，绝非捏造而来。平民百姓大概同情龙造寺家的没落，换句话说，大家或许是因为不满家臣直茂下克上篡位，才据此编造出上述怪谈，暗地替龙造寺家出气。只是，当时正值战国末期，没实力本就无法生存，时代风气如此，说起来也不能怪锅岛家啦。

高房死后，留下一名庶子伯庵，于宽永十一年（1634年）向幕府申请领回龙造寺家的旧领地。幕府起初不受理，第二年才受理诉状，让双方在议决所对质。这时，代表胜茂出场的是龙造寺隆信的侄子，当时是锅岛藩分藩多久城城主。因这位龙造寺后代的证言，让胜茂胜诉了。

不过，幕府之后还是给了伯庵三百石及宅邸。伯庵过世后，遗孤庄之助成为会津松平家藩士，一直持续到幕府末期。锅岛家则在幕府末期又出现贤明藩主，全藩奋发有为，佐贺县立图书馆和历史博物馆"征古馆"都是锅岛家创设的。东京涩谷区的锅岛松涛公园，以前是锅岛家茶园，而有名的武士道经典《叶隐》的作者也是佐贺藩士。

▷ 锅岛妖猫骚动的歌舞伎造型之三：阿丰。

第三节　青洞门（大分县）

禅海和尚于亨保十九年（1734年）来到丰前国中津（大分县中津市）时，已经48岁了。他是越后国（新潟县）人，年轻时到江户浅草某寺院出家，因不得志，毅然踏上云水之路。

他先回了故乡一趟，再往回走，千里迢迢来到丰前国。抵达中津的禅海和尚，先到临济宗名刹自性寺参拜。自性寺内有南画巨匠池大雅的"大雅堂"，里边有两间十席的榻榻米房，纸门和板门都有池大雅的书画。不过，禅海和尚来的年代较早，那时寺院内还没有"大雅堂"。

当他打算前往罗汉寺时，途中路经面对山国川的竞秀峰。这一带是九州山脉，相连山峦都是喀斯特地貌，景色天下无双，现已成为观光名胜之一，但当时却是天险之地。

此山有所谓的"青锁渡"，就是沿着峭壁打洞，插进木头，再于其上铺设木板，从而打造出一条路来。沿途没有栏杆，只能抓住钉进岩石的铁链走。相隔一段，便设有岩棚，马匹经过时，人必须在岩棚中等。

因为深山内还有几个村落，又近邻罗汉寺，参拜者也必须走这条路，青锁渡上人马通行频繁，越发显得惊险不便。禅海和尚跟在一匹马后走，他问马夫："每年都有人受伤吧？"

"不会，不会受伤，一出事就是死人！每年都得在出口竖立十几根卒塔婆哩。"

▷ 青门洞早已打通拓宽，但残留的青锁渡旧道，仍然隐隐可见。

▷ 青门洞外禅海和尚图像。

▷ 青门洞入口，字是后人加题的。

原来，每逢雨季，踏板就很容易被雨水冲掉，人走在上面，一不小心，就会掉进万丈深渊，摔死在山国川中。而且一旦马匹无法通行，深山村落物资匮乏，同样会出状况。马夫正是运货到深山村落的小贩。禅海和尚抵达位于飞来峰的罗汉寺后，发现这儿有两个山洞，下面是"毗沙门"洞，上面是"天人桥"洞，均是利用天然山洞辅以人工开掘而成的。禅海暗忖，"青锁渡"若能开个山洞，凿穿两地，不知能造福多少人。

禅海和尚就此留了下来，他在耶马溪（那一带半径15千米的景点地名）一边托钵，一边勘察地势。一个月后，他得知"青锁渡"内总共有7个村落，而且入口处属于中津藩（十万石），但出口处是幕府直辖地。就算要开洞，问题也相当麻烦。

半年过后，禅海和尚逐渐有了人脉，他到"青锁渡"内村落之一造访该村村长，向村长说明他打算开凿山洞的计划。村长马上回答："您在开玩笑吧？如果能开，我们早就做了，何必每年牺牲这么多人？"

禅海和尚没死心，带着自己所画的设计图，一次又一次、一村又一村地去造访、说服村长。他坚持，只要挖穿四座岩壁，山洞通路便可大功告成。但事情哪有如此简单？整个工程到底要花多少岁月？

不知过了几年，众村长终于认可了禅海和尚的计划。接下来是说服罗汉寺，他用"只要开山洞，参拜者一定增加十倍百倍"的理由说服了住持。住持答应捐出部分资金。接着是中津藩。本来这种道路工程应该由中津藩"道奉行"负责，结果禅海和尚花了整整一年才说服中津藩。最后是八代将军吉宗，吉宗在历代将军中是最英明果断的一位，当即许可。

第八章　九州岛地方（九州岛）　/ 245

▶ 从河流这面反眺青门洞，更可感觉开山筑路凿隧道的工程之艰险。

从禅海和尚动念开山凿洞，直到正式开工，前后花了将近10年光阴。这时禅海已经58岁了。他虽也想亲自手握铁锤和尖凿挖掘山洞，众人却因他年纪太大了，不让他加入，他只好转而负责筹措资金，又几度去拜托罗汉寺住持助力。罗汉寺动员了大批信徒，四处募款，并征求义工。

　　工程艰苦异常，因为是高山绝壁，只能一槌一槌挖，别无他法。所幸那里是喀斯特地貌，不怕坍方事故。

　　当第一洞完成时，已没人再怀疑禅海和尚的计划了。山洞设计成上圆下平，可让人、马同时通过，面向河川的绝壁，又随处开了"岩窗"，以便阳光照射进来。禅海自己也动手在洞内雕刻石佛。

　　花了约30年时间，4个洞才陆续完成，总计342米。此时，禅海已78岁了。之后10年，禅海开始征收通行费，这是事前便跟众人约定好的。一人四文，牛马八文。而参拜者果真如禅海预料，十倍百倍地增加。禅海不但还清了罗汉寺的钱，还成了大富翁。

　　禅海于88岁过世，死前，将全部财产二贯（7公斤半）银和一町（约1万平方米）多田地，全部捐献给了罗汉寺。

　　这一故事的发生年代距离明治维新约100年，其间，有种种传说。有人说禅海和尚未出家前是武士，年轻时在江户杀了人，为了忏悔，才单独一人用锤头和凿子开挖山洞；也有人说他杀的是自己的主君，藩士不断追杀他；更有人说追杀他之一的年轻藩士受到感召，跟他一起以锤头和凿子完成山洞……

　　大正二年（1913年）九月七日，熊本县出身的著名评论家德富苏峰，在《国民新闻》上煞有介事地介绍第三种说法，近世"青洞门传奇"于焉诞生。

六年后的大正八年（1919年），当时还未成为"文坛众家老板"、年方二十五的菊池宽，发表了以第三说为底本的短篇小说《恩仇的彼方》，一时大受好评，戏剧、电影纷纷跟上。这篇文章也成为小学六年级国语课本内容之一。因此生于战前的日本人，几乎每人都知道传说内容。

▷ 菊池宽所著《恩仇的彼方》的封面。

昭和十九年（1944年），罗汉寺因火灾烧毁，也失去了所有跟禅海和尚相关的资料。直至昭和五十六年（1981年）八月，因要迁移山洞内的地藏菩萨堂，拆卸时，才从台座出土了禅海和尚亲笔书写的"工程由来书"，久违了将近250年的真相，才总算大白于世。当时各大报都在头版用大篇幅报道《青洞门，日本第一条收费公路》呢。

目前"青洞门"已开通成可通行汽车、消防车的新路，但还留有旧山洞，以供观光客徒步参观。

第四节 辘轳首（熊本县）

大约500年前，有位名为回龙的和尚周游诸国，来到肥后国（熊本县）。这一天，和尚在深山走着走着，不知不觉中竟天黑了。由于距离有人烟的村落很远，回龙只好在树林内找个可以躺下的地方，和衣就寝。

虽说是夏天，但山中还是冷森森的。回龙已习惯在山中露宿，不一会儿便打起鼾声，一觉睡过去了。

回龙入佛门之前，曾是九州某大名家臣，英勇善战，因大名灭亡，只得落发出家。

睡了没多久，黑暗中传来脚步声，出现一名樵夫，摇了摇回龙说："和尚大人，和尚大人，在这儿睡觉很危险。山中有妖怪，会出来吃人，您若不嫌弃，就到我住的茅屋过夜吧。"

回龙本就不怕什么妖怪，但不想拒绝樵夫的好意，便跟随樵夫回到了茅屋。茅屋内还有其他四名男女樵夫，尽管生活贫困，却彬彬有礼，雍容文雅。回龙问最年长的樵夫："看你们虽住在深山，讲话口吻和气度，却似乎不像樵夫。你们原本都是地位高贵的人吧？"

"和尚大人说得没错，我们原本是某大名家臣，只是惭愧得很，我们做了很多坏事，杀害过不少人，为了忏悔赎罪，才躲到深山里来，过着与世隔绝的日子。邀请和尚大人到我们茅屋过夜，也是为了赎罪呢。"

"噢，若是如此，那就太好了。你们能改邪归正，过世的人也会瞑目吧。今晚我会为那些死于你们手中的人诵经，超度他们安心赴黄泉。"

主人带着回龙到邻房。直至深夜，和尚一直在默诵经文。就寝前，他感觉有些口渴，想起茅屋旁有个引水的竹管，便蹑手蹑脚到屋外喝水。

屋外星空若倾盆，草丛上夜露闪闪发光，无数虫声彼唱此和。回龙喝过水回房时，不经意间看了一下邻房。只见座灯前躺着5具没有头颅的尸体。回龙以为自己看花了眼，他使劲揉了揉眼睛，再仔细一看，果然是5具无头尸。

"哎呀，真惨，难道半夜盗贼闯进来，杀害了5人？"

可是，房内并无任何血迹。回龙和尚大胆进房再度仔细查看，5具尸体脖子上都没有被斩断的痕迹。

"唔……"回龙恍然大悟，"这儿是辘轳首的窝？"

他继而想起中国古籍《搜神记》所记载的"飞头蛮"。据说只要把没头颅的肢体移到别处，头颅便没法跟肢体连接，即使头颅飞回来，也只能在地面蹦跳，最后衰竭死去。

回龙急忙拖着茅屋主人的肢体，抛到屋外，再检查屋内所有门窗，发现门窗紧闭，只有天窗敞开。原来头颅是自天窗飞出去的。回龙不再回房，躲在屋外隐蔽处，等待头颅归来。

不久，茅屋后的森林传出人声。回龙循声音方向走去，躲在一株大树后偷看。发现半空中有5个头颅飞来飞去，其中之一正是茅屋主人的头颅。5个头颅在草丛或树木间寻找飞虫吃食。之后，主人头颅说："啊，今晚那个行脚和尚，长得很肥。吃掉他，我们应该有阵子不会饿肚子啦！都怪我多嘴，讲出那

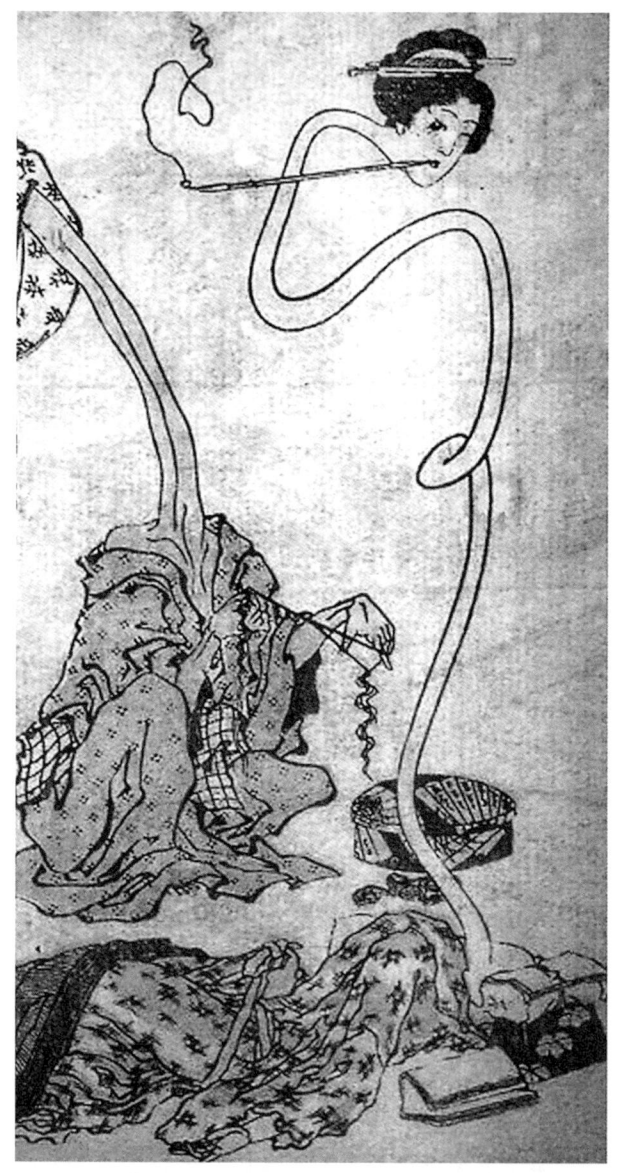

▷ "辘轳首"一般指的是脖子可以伸缩自如的妖怪,其操控头颅的方式,与井边打水时控制吊桶的辘轳相似,故称之为"辘轳首"。葛饰北斋画的就是这一种。

种话，结果那和尚说什么要为死者超度，整夜念经，害我们无法接近，只能出来觅食。现在天快亮了，和尚八成睡死过去了，你们哪个回去看看吧。"

言罢。一颗年轻女子的头颅立即翩然飞向半空，消失了踪影。过了一会儿，慌慌张张飞回来报告："糟糕了，那和尚不见了，头子您的肢体也不知哪里去了。"

"什么？我的肢体不见了？那我不是回不去了吗？好，既然迟早会死，我绝不放过那和尚。大家去找出那和尚，把他撕食入腹！"

最后，头颅找到了回龙和尚。5颗人头合力攻击回龙。和尚顺手抓起地面的枯枝反击。其中4颗经不住打，逃向远方。主人头颅却还不死心，咬住了和尚左衣袖。和尚抓住头颅发髻不停殴打，头颅毫无气息后，依然紧紧咬住衣袖，一点儿也不松口。和尚使尽力气，却还是无法剥开头颅。

回龙和尚返回茅屋时，那4颗沾满血迹的头颅，已经与肢体合身，缩成一团蹲在角落。看到和尚进屋，哇的一声四处逃窜，消失在森林之内。

回龙收拾好行李，再度上路。抵达村落时，众人看到和尚衣袖上的头颅，无不大惊失色，胆子较大的，则紧跟回龙身后，准备凑热闹。官府公役听闻骚动，赶来抓住和尚。公役认为一定是他杀了人，所以被害者咬住衣袖不放。

无论官府如何审问，回龙和尚都不吭声，在监狱过了一夜。隔天，公役把回龙押到奉行大人面前。回龙这才开口，详细述说他在森林中的遭遇。然而，奉行大人却不相信这种说法，当场判和尚死刑。

> 另一种叫"飞头蛮",算广义的"辘轳首"。其特征是身首可以分离。本文所写、鸟山石燕画的,都是这种。

这时，有位年老的公役出声反对，建议先查看头颅。于是公役们用力扯下回龙衣袖，送至奉行大人面前。那位老公役仔细查看头颅后，发现脖子上毫无刀伤，仅有几道奇异红斑，仿佛树叶从树枝自然掉落，切口非常平顺。

"和尚说的是事实，这是辘轳首。古籍《南方异物志》中曾记载，真正的辘轳首，脖子上有红斑，大家请看，这头颅也有红斑。"老公役接着问回龙："您不是一般的和尚吧？一般的和尚绝对无法击退辘轳首。您以前应该是名武士才对吧？"

回龙和尚报出落发前的俗名，在场人士听到他的名字，无不发出惊叹。原来这些公役都还记得以英勇闻名的回龙的俗名。奉行大人也改变了之前的态度，恭请和尚到当地大名宅邸歇息。回龙在宅邸接受热诚款待，离开当地时，顺便把头颅带走了。

过了几天，回龙在路上遇到了盗贼，盗贼命令回龙脱下衣服给他。回龙立即脱下衣服交给盗贼，包括那颗头颅。这时，盗贼方才察觉衣袖上挂了个头颅，吓得直往后退，大喊："喂，你这个和尚到底干了啥坏事？我虽然杀过人，却不曾把头颅挂在衣袖上到处乱跑。看来你跟我一样，都是坏蛋。真是太叫人佩服了。这头颅看来很有用，可以卖给我吗？我把我的衣服都给你，那头颅就算 5 两卖给我吧！"

回龙警告对方，说这可不是一般的头颅，而是妖怪头颅。盗贼不相信，回龙只得免费把头颅送给盗贼了。

盗贼来到镇上之后，听到了辘轳首的传闻，终于明白和尚没有说谎。他本来打算用头颅来吓唬路人以便抢劫的，这下子也心慌慌的，不敢用了。盗贼想来想去，实在不知道该拿头颅怎么办，最后决定"头"归原主。

他走入深山中，找到了那间茅屋，只见屋内空无一人，当然也找不到头颅的肢体。盗贼只得将头颅埋在森林中，竖立墓碑，并请来和尚诵经，为头颅超度。

附带一提，在小泉八云所写的《怪谈》中，也有一篇《轆轤首》，不过事件发生地点在山梨县，上文中的这颗，则是熊本县"出产"的。

第五节　死人头颅的笑容（长崎县）

《雨月物语》的作者上田秋成生前以歌人、俳人成名，怪谈小说只是他的业余消遣，没想到流传后世的竟是他在业余时间写下的怪谈小说。秋成于1734年在大阪曾根崎妓院呱呱坠地，其父不详。

4岁时，上田秋成成为大阪堂岛永来町一家富裕纸油商的养子。5岁时，因染上天花，他失去了右手中指及左手食指，导致性情孤僻，日后自号"无肠公子""剪枝畸人""鹑居"等，均与他飘摇不定的坎坷生涯有关。35岁时完成《雨月物语》，8年后才出版。74岁完成由10篇短篇构成的《春雨物语》，75岁过世。上田秋成虽然留下了杰作，晚年却过得非常悲惨。

《春雨物语》中有一篇《死人头颅的笑容》，故事的背景虽是长崎县神户市，却是根据京都一乘寺实际发生的事件改写的。故事内容大致如下：

话说摄津国兔原郡（神户市）宇奈五山丘，有个村落，村民大多以酿酒维生。村落里最富裕的人家是五曾次，这人个性冷酷无情，其独生子五藏却跟父亲相反，生来擅长和歌、书法，心地善良，时常扶弱济贫。

曾次一族有个名叫元助的，这家跟五曾次家恰恰相反，极为贫穷，只靠元助耕种少得可怜的田地，勉强养活母亲和妹妹。母亲和妹妹则每天忙着织布，贴补家用。

▷《雨月物语》的作者上田秋成,其一生落拓,文采绝佳,不但是歌人、俳人,还写下了传世的怪谈小说。

妹妹名叫阿宗，是村里最漂亮的大美人，她除了织布，还一手承担了所有家事，爱读书，也勤于习字。因两家是亲戚，五藏从小便跟阿宗很亲近，两人不但是同门，更私订了终身。

同族有位当医生的老人家，在得知五藏和阿宗的关系后，取得元助母亲同意，到五曾次家提亲。他劝说道："黄莺总是栖息在梅树，绝不会在其他树筑巢。你家儿子跟元助家阿宗很相配，他们虽然是穷人家，但哥哥品质高清，妹妹手脚勤快，这真是良缘呐！"

五曾次听后，不屑地嘲笑回答："我家栖息着福神，娶那穷女儿进来，会把福神赶走。你回去吧，以后别再提这事了。"

五藏得知父亲的态度后，仍不放弃，时常到阿宗家探望。五曾次知道后，勃然大怒，对儿子说："你若真想娶那穷女儿，我就跟你断绝父子关系，一文钱也不会给你。你有胆就给我滚出去！"母亲也苦口婆心地劝说儿子，要儿子每夜到她房间念书给她听，算是一种变相的软禁。

五藏不再到阿宗家后，阿宗竟因患相思病而病倒在床。某天，母亲托人跟五藏通风报信，傍晚，五藏来了，真诚地对阿宗说："即使违背父亲，我也会信守我们之间的承诺。我家的财产，只要父亲守着，家道就不会中落。日后要是能迎进养子帮他赚钱，总有一天他会忘了我们的事。人若能活到100岁，有50年花在睡眠上，扣去其他工作或生病时间，顶多只有20年是自己的时间。因此一年也好两年也好，我们总可以躲到深山林内，靠着我们的力量过活。"

五藏这番话令阿宗大为宽心，马上起床整装，并料理了五藏带来的鲜鱼。当天晚上，五藏睡在阿宗家。

▷ 幕府末期浮世绘名师宫川春汀笔下，元助母亲拿出自己的新娘服为阿宗穿上，两人的背影透出一股浓厚的哀愁。

第二天，五藏回家后，五曾次怒发冲冠，命令儿子以后不准出门，要不然就到官府断绝父子关系。母亲也连劝带训地哀求儿子，千万不要再忤逆父亲了。禀性善良的五藏只得听从父母的话，每天专心帮忙家业。

从五藏不再来探望后，阿宗病情加重，母亲再度托人带消息给五藏。五藏瞒着父母，偷偷到阿宗家，看到病入膏肓的阿宗后，他很伤心地跟阿宗的哥哥元助说："明早请你送阿宗到我家，我们要在父母面前举行婚礼。就算能当夫妻的日子剩下无几，也总比没有实现诺言，就让阿宗离开这人世要好。"

当天夜晚，五藏在阿宗家举办了一个小小的婚礼，跟阿宗喝下交杯酒。8点的钟声响起，五藏方才告辞离去。

隔天一大早，母亲取出自己往昔的新娘服，为女儿打扮，并千叮万嘱婚后该这般那般如何如何等。元助也换上礼服，佩带长刀短刃，送妹妹坐上轿子，前往五藏家。

对五曾次来说，新娘轿子突然不请自来，简直如晴天霹雳。而且新娘还是个病人，怎么能让她进门呢？元助跟五曾次说："请叫五藏来作证，他昨晚已跟我妹妹喝过交杯酒了。五藏早就想娶我妹妹了，却因你不同意，一直拖着，才让我妹妹罹患重病。如今，她只希望死在你家庭院里。我带来了三两金子，我妹妹死后，请用这些钱为她办丧事，允准她的骨灰埋在你家菩提寺内吧。这样，她在阴间也能跟五藏成为夫妇。"

五曾次听完后，暴跳如雷，怒不可遏，叫出五藏，一脚把他踢倒在院子里。五藏伏地向父亲说："事到如今，您想怎样都无所谓，阿宗已经是我的妻子了。你赶她走，我就跟她一起走。以前我早有这种想法，今天是非做不可了。"

然而，元助却出手阻止，他说："我妹妹的病情已不容她再走一步路。她是你妻子，让她死在你家也是理所当然的。"

说毕，元助立即拔刀斩下妹妹的头颅。五藏拾起头颅，用袖子裹妥，一滴泪也没流，就打算出门。父亲五曾次大吃一惊，对着儿子怒吼："你要带头颅去哪里？要去菩提寺吗？我绝不允许！还有，元助，就算是你妹妹，你也是杀了人。来人啊！快通知村长！"

村长听到通报，赶忙前往元助家，向元助母亲报告此事。元助的母亲坐在织布机前，听完一切，面不改色地说："果然是这种结果。我们早已决心这样做，事前都说好了，这没什么好大惊小怪的。"

村长听说哥哥斩下妹妹的头颅，已被惊吓了一次。看到其母态度如此，再度吓得魂飞魄散，只得离开元助家，直接向官府报案。元助和武藏分别被捕。

10天过后，官府宣判：乍看之下，五曾次似乎没犯罪，但其实他的罪最重。因他爱富嫌贫，才会惹出这案子。因此被判禁闭家中，不准外出。元助虽杀了妹妹阿宗，但因事前获得了母亲的允许，加上阿宗确实也活不了几天了，罪行较轻，也是将他暂且禁闭家中，不准外出。

官府最伤脑筋的是五藏的真意到底为何？五藏因此被关进牢房。50天后，判决宣布：此案皆因五曾次父子过失，故没收五曾次一家的财产，还将其逐出国境。至于元助，被判禁闭期满后，母子俩必须迁移到村落西边尽头独居。

五曾次狠狠打了儿子一顿，宣布断绝父子关系，单独一人到大阪做生意。五藏母亲则回娘家，落发为尼。五藏本人则因看破红尘，落发出家，而获准停留在境内深山寺院，日后修行成为高僧。而元助则伴随母亲前往播磨国（兵库县）投靠亲戚，恢复了农民生活。

据说，阿宗被哥哥斩下头颅前，乃至人头落地后，始终面带笑容。

第六节　海幸彦·山幸彦（宫崎县）

宫崎县是日本古代遗迹的宝库，位于宫崎市北方的西都市有庞大的"西户原古坟群"，可见古代确实有个势力很大的王国存在。

《海幸彦·山幸彦》是《古事记》里的著名神话，小学课本里就有，几乎每个日本人都读过。这个故事也是日本神话时代的最后一篇。山幸彦是第一代神武天皇的祖父，在此故事以后，便是属于人类的神武天皇东征。

话说天照大神的曾孙有一对兄弟，长男名为火照命，擅长钓鱼，人称海幸彦；三男名为火远理命，总是背着弓箭在山野奔驰，擅长捕猎，人称山幸彦。哥哥的钓钩栖息着大海中所有的海味，弟弟的弓箭则栖息了山野中所有的山珍。

某天，弟弟对哥哥说："每天做同样的事实在很无聊，我们来交换彼此的工具玩玩儿好不好？"

哥哥有点迟疑，却拗不过弟弟再三恳求，最终答应了。弟弟马上带着哥哥的钓钩划船出海。拿着哥哥每钓必有的钓钩，弟弟却始终钓不上一尾鱼。而且钓着钓着，钓钩竟被一尾大鱼给抢走了。

弟弟垂头丧气地回到海边时，哥哥也筋疲力尽地从山野归来。弟弟的弓箭对哥哥来说，一样丝毫不起作用，什么也猎不到。当哥哥知道钓钩被鱼抢走后，怒不可遏，要求弟弟到海中寻找。只是大海茫茫，又该如何去找呢？

于是弟弟捣碎自己的佩剑，做了500个钓钩给哥哥，但哥哥不接受，他非要原先的钓钩不可。弟弟又做了1000个钓钩，哥哥还是冷冷地说："我只要一个，你把我借给你的那个还来就好了。"

弟弟束手无措，只能呆呆地望着海面。这时，有位白须老人以柔和眼神望着弟弟，和蔼可亲地问他为何愁眉苦脸。弟弟说出原因，老人笑道："既然如此，就让我来帮你的忙吧。我是制造潮流的盐椎翁神（盐筒大神），可以帮你带路。"

老人说毕，立即编了个竹笼，告诉弟弟："你搭乘这竹笼出海，潮流会带你到海神龙宫。宫殿大门一旁有口井，还有一株高大神圣的桂树，你只要爬到树上等就好。海神女儿若看到你，一定会帮你解决问题。"

弟弟听从老人的话，果然抵达龙宫。他便爬到桂树上等候。不久，海神女儿丰玉姬的女侍捧着水缸出现。她正打算汲水时，却发现水面有个人影。女侍吃惊地抬头一看，看到树上有名俊美男子，觉得很奇怪。

山幸彦对女侍说："给我点水喝吧。"女侍马上汲水入缸，递给山幸彦。山幸彦却没喝水，而是卸下项链上的玉，含在口中（咒术的一种），再吐到水缸内。那颗玉黏在缸底，剥不下来，女侍只得就这样送到丰玉姬面前。丰玉姬看到了缸底的玉，便问道："难道门外有人？"

"水井旁桂树上有位美男子，比海神大人还英俊。那人想喝水，我给他水，他却没喝水，把玉吐进水缸内，我怎么剥也剥不下，只好就这样送过来了。"

丰玉姬觉得很奇怪,来到门外一看,当下对山幸彦一见钟情。丰玉姬回到宫内将此事告诉海神,海神也出门查看。

"原来是天孙神皇太子。"海神认出山幸彦的容貌,大吃一惊,赶忙请山幸彦进宫内。大摆宴席之后,让女儿跟皇太子结婚。

▷ 江户时代的《彦火火出见尊绘卷》中描绘了山幸彦与丰玉姬在龙宫过着幸福日子的画面。

山幸彦在龙宫住了3年,与丰玉姬过着幸福的日子。某天,他想起自己来龙宫的目的,不禁摇头叹气。丰玉姬看了很担忧,偷偷告诉了父亲,海神追问女婿,终于得知真相。

于是海神召集了所有鱼类,逐一讯问,终于查出钓钩下落,

原来钓钩反卡在鲷鱼喉咙,让它食不下咽,正痛苦不堪呢。收回钓钩后,海神又给了山幸彦两粒具有神力的珠子——盐盈珠和盐干珠。并叮嘱他把钓钩还给哥哥时,只要背对着哥哥,口中念咒:"笨钓钩,急钓钩;穷钓钩,愚钓钩。"如此这般,钓钩便会失去神力。

这样还不放心,又吩咐道:倘若哥哥在高处种田,你就选择低处;哥哥若选择低处,你一定要在高处。海神自然会让水流进弟弟田里。哥哥若搭船出海钓鱼,弟弟只要站在海边噘嘴向大海呼气,海神就会让哥哥翻船。

如此过了3年,哥哥一定会穷途末路,跑来攻打弟弟。到时候,弟弟再利用那两粒珠子击退哥哥:盐盈珠可以造成洪水,盐干珠则能让洪水退去。

叮嘱完毕后,海神召集鲨鱼,说:"我们要送天神皇太子回去,你们依次报出能力,说说看花几天就可送皇太子回到陆上?"

其中一条鲨鱼说:"我可以当天去,当天回。"

海神便命那条鲨鱼送山幸彦返回陆上。

弟弟见到哥哥,按照海神所说的方式把钓钩还给哥哥。其他吩咐也都照办了。果然不到3年,哥哥就走投无路,举兵攻打弟弟。弟弟也利用两粒珠子击退哥哥。哥哥认输,成为弟弟的臣下,在弟弟身边当艺能臣。这位哥哥海幸彦,正是隼人族的祖先。

日后,丰玉姬为了生产,前往丈夫统治的陆地之国。丰玉姬在海边盖了一间产房,又跟丈夫说:"我不是人类,你绝对不能偷看我生产的模样。"

谁知好奇的山幸彦竟失约,在产房看到了一条大鲨鱼。丰

▷ 图为葛饰北斋所画。图中丰玉姬现出原形,被山幸彦偷看到了。丰玉姬的原形,有人说是大白鲨,也有人说是女神龙。

玉姬得知丈夫看到自己的丑陋身姿，伤心地留下孩子，返回龙宫了。但因担忧孩子没人照顾，丰玉姬便要求妹妹玉依姬到陆上代姐姐照顾孩子。这孩子日后跟玉依姬结婚，生下4个孩子，幺儿正是第一代神武天皇，算是日本神与人之间的中继站。

传说所在的宫崎市日南海岸青岛，海拔6米，四周不及1千米，总面积仅有13479坪，整座岛屿长满亚热带植物。据说山幸彦骑坐鲨鱼于阴历十二月十七日夜晚回来时，正是在这小岛登陆的。此岛因此成了圣岛，以前不准一般人参拜，江户时代中期以后，才开放给一般人参拜。该岛奉祀的神是山幸彦、丰玉姬、盐椎翁神。

山幸彦回来时，据说村民高兴得来不及穿衣服就跑出来迎接，因此小岛内的青岛神社，至今仍在每年阴历十二月十七日夜晚举行"裸祭"，也就是男信众只围一条白布裤，于寒冬下海。每年成人节白天也会举行"裸祭"，让当年年满20岁者入海。男子下身围着白布裤，头绑白布条，脚穿白布袜；女子则穿白T恤，白短裤，白布袜，额头一样绑白布条。根据统计，此时气温平均约12摄氏度，水温则约15摄氏度，说起来也够冷的了。

隼人族则住在鹿儿岛县，海幸彦虽投降成为弟弟臣下，其后代却三番两次叛变，直至8世纪初，才逐渐屈服，最后受大和朝廷支配，降服条件是让其子孙进宫当警卫及艺人。

目前那一带还留有传统艺能"隼人舞"。相传海幸彦受盐盈珠攻击，洪水到脚边时，踮起脚尖；到膝盖时，抬脚；到大腿时，四处逃窜；到腰部、胸部时，抬手搁在腰部、胸部；到脖子时，高举双手挥舞。把这些动作编入舞蹈之中，就成了"隼人舞"。

第七节　火绳枪之恋（鹿儿岛县）

战国时代天文十二年（1543年）的八月二十五日，有一艘大帆船因为台风漂流到鹿儿岛县种子岛南方的前之滨海岸。种子岛离鹿儿岛县约 50 千米，是座小岛。现在从鹿儿岛搭飞机至种子岛机场，需要 35 分钟，搭渡轮则需 4 个钟头。

当时帆船所张挂的不是帆布，而是草席，只能沿海航行。这艘帆船包括两位葡萄牙人，船主名为"五峰"（也就是赫赫有名的中国明代倭寇首领王直），其他船员不是中国人就是琉球人、黑人等，据说多达百人。

前之滨村长跟五峰语言不通，只能用笔谈，得知五峰想修理帆船，遂告诉他得把船驶至北部的西之表。两天后，帆船抵达西之表。第十四代岛主时尧当年才 16 岁，接见五峰后，允许众人住进慈远寺。一行人在那里逗留了大约半年时间。

在此期间，葡萄牙人表演了火绳枪射击。这时的枪，不是以杀人为目的，而是打鸟用的，子弹很轻。时尧及家臣见状，赞叹不已。古籍《铁炮记》中记载："发出类似闪电亮光，声音如雷响起，在场的人都掩住了耳朵。"这正是日本人第一次听到枪声的那一瞬间。

时尧花了 2000 两金子买下两把枪，并命家臣拆枪研究。岛主的命令，在家臣间引起一阵骚动。众人都对火绳枪很有兴趣，再说，若能登上负责枪炮要职的宝座，那就前程似锦了。

最后，家臣中年纪还轻的筱河小四郎被选中，负责学习调

▶ 葛饰北斋所画的正在学习射击火绳枪的日本武士。

配火药；锻造枪身的事则交给了八板金兵卫。金兵卫不是岛民，是美浓国人（岐阜县），他是岛主特地聘请来小岛教授锻造刀、矛等兵器的。

虽然距离不太远，但种子岛跟鹿儿岛的萨摩藩没什么交流，由于黑潮流向关系，通常都直接跟纪州（和歌山县）来往，航路10天便可到达，也因此可以从本土的美浓国聘请技术人员。大抵来说，种子岛的文化都传自本土，与萨摩相对疏远许多。

金兵卫已丧妻，膝下只有个17岁的独生女若狭，在城内当侍女。若狭跟小四郎已订下终身大事。岛主让漂流船员住进慈远寺后，若狭也被派到慈远寺照顾这些外国船员。

金兵卫虽是刀匠名人，但刀和枪毕竟不同，一时也不知从何下手。小四郎则更是愁眉苦脸了。当时火药的成分是硝石80%，硫黄和木炭各10%，从来没见过枪炮的小四郎当然不知道该如何调配火药。

不过，名人果然是名人，金兵卫终于成功打造出枪身，但还是不知该如何接合枪底。也就是说，金兵工还不懂螺丝制法。于是金兵卫让女儿若狭嫁给葡萄牙船员之一，随船员千里迢迢前往葡萄牙。一年之后，那船员又带着铁匠来到种子岛，这时，金兵卫才总算习得螺丝制法，种子岛火绳枪便自此诞生。

据说因那位葡萄牙人船员在祖国有家室，若狭过得不怎么幸福，第二年便又回到种子岛，活到90岁，只是似乎没再嫁给小

第八章　九州岛地方（九州岛） / 271

> 桃山时代的《南蛮人来朝至屏风图》，火绳枪便是这样进入日本，造成战国军事大变革的。现藏于长崎县美术馆。

四郎。按当时的习惯，一旦嫁给外国人，日后便很难再嫁给本国人了。若狭可以说是日本第一位与西洋人通婚的女子。

不过，若狭的故事只是传说，并无史料作证。

根据葡萄牙商人所写的《东洋遍历记》记载，天文二十年（1551年）时，光是丰后国（大分县）就有3万把火绳枪，日本全国则总计有30万把左右。

据天文十二年（1543年）32年后的1575年，41岁的织田信长于"长筱合战"中，以3000把火绳枪，击败了百战百胜的武田骑兵队。当时一把刀的价格为10两，弓4两，火绳枪则要120两。火绳枪有效射程为50至100米，比弓箭短，而且装填子弹过程繁复：自枪口装填火药—装铅弹—用棒子把铅弹塞至深处—在枪把火药盒装火药—点燃绳子—夹进火药盒—瞄准目标—打开火药盒盖—扣扳机—铅弹射出。

这一连串动作至少要花上15秒钟。织田信长为克服这个缺点，将3000人的枪炮队前后排成3排，每隔5秒钟轮流射出1000发子弹，1分钟射出1.2万发子弹。这才击败武田骑兵队，夺取了大半的天下。据说织田信长是史上第一位采用这种大量枪炮集团作战方式的人。根据西洋军事史记载，直到"长筱合战"41年后，西方国家才在"三十年战争"中，首次采用这种作战方式。

织田信长的心腹丰臣秀吉，也在文禄元年（1592年）侵入朝鲜时，使用了大量火器。熟知此战法的德川家康更于元和元年（1614年）"大阪夏之阵"时，以大炮攻下大阪城，完全掌握了天下。由此可见火绳枪对日本史的影响有多大了。

▷ 葛饰北斋所画的,正在示范射击火绳枪的洋人教官。

第九章 冲绳地方（琉球诸岛）

木精（冲绳县）

说起冲绳县的妖怪，就属 kijimuna —（キジムナー）最有名了。这是一种古树精灵，日文汉字写为"木精"，跟日本本土的"河童"或北海道的"小人族"类似，属于宠物妖怪，其传说广泛流传于冲绳群岛之中。

据说，以前某孤岛海边住着一位老爷爷，他和木精结为了朋友。两人每晚都一起去夜钓，钓到鱼时，木精只挖下左鱼眼吃，剩下的全都给了老爷爷，老爷爷因此成了富翁。

不过时日一久，老爷爷开始觉得跟妖怪来往有害无益，于是问木精最讨厌的是什么。

"我最讨厌弯弯曲曲的章鱼和清晨报晓的公鸡。"

第二天夜晚，老爷爷在家门口挂上章鱼，自己则披着蓑衣爬到屋顶等木精来找他去钓鱼。过了一会儿，木精扛着钓竿来了。老爷爷在屋顶拍打蓑衣，口中咕咕啼叫，假装公鸡报晓。木精仔细一看，发现学公鸡叫的是老爷爷，大怒之下打算爬到屋顶质问老爷爷。无奈门口挂着章鱼，他只得垂头丧气地掉转头离去。

第三天，不知何故，老爷爷竟莫名其妙地猝死了。

一般说来，木精的特征是儿童身材，红脸红发，全身长毛，家住老榕树中，白天睡觉夜晚行动，跟火有关，擅长捕鱼，讨厌章鱼、公鸡、人屁、热锅盖，而且一旦跟人类交往，就可以控制对方的贫富。

冲绳县的"妖怪日"是阴历八月十日,所有妖怪会在这天出现,又因这天频频失火,冲绳人认为那是木精。只要失火原因不明,多半都被认为是木精在恶作剧。

另一则故事是:往昔冲绳本岛南部宇江城(系满市),有个

▷ 木精的现代造型,赤发还在,全身的毛却不见了,显得非常可爱。

渔夫名叫鲛殿。某天夜晚，他出海捕鱼，发现一旁也有人在捕鱼。他却从没见过这个人。之后，他每晚出海捕鱼时，便一定会碰到那个人。而且说来奇怪，只要那个人出现，都会丰收。

日子一久，两人开始交谈，成为朋友。可是那个人始终不肯报出姓名，其容貌和说话口吻又跟一般人不一样。某夜，鲛殿情不自禁地跟踪那个人，见他穿过村落，爬上村人鲜少前往的小丘，消失在一株大桑树内。鲛殿这才恍然大悟，那人正是传说中的木精。

鲛殿回家后，向妻子提起此事。并吩咐妻子："明天晚上我仍旧出海捕鱼，你趁我不在时，找些枯枝稻草，到小丘上，把那棵桑树烧掉。"

第二天夜晚，鲛殿跟那个人一起捕鱼时，那个人突然耸动着鼻子说："奇怪，我闻到烧焦味……难道我家……"

"不会吧，我没闻到什么味道，是你多心了……"鲛殿对那人说。

但那人还是匆忙收拾渔具，头也不回地上岸了。那时鲛殿的妻子已经烧掉桑树了。这天之后，鲛殿出海捕鱼，再也不曾遇见那人了。

失去了住家的木精据说往北寻求新居了。

不知过了几年，某天鲛殿有事前往首里（冲绳京城），与青梅竹马的好友重逢。两人边喝酒边聊天，酒兴一来，鲛殿竟将几年前认识木精的过往和盘托出。友人听后大怒："你怎么对朋友做出这种事？就算对方不是人，他也是你的朋友啊！他到底对你做了什么？你真是个坏心肠的家伙！"

鲛殿仔细一看，青梅竹马友人的容貌，已变成那个曾经每夜跟自己一起捕鱼的木精。对方拔出小刀，朝着鲛殿的两指之间砍下。

原来鲛殿全身皮肤类似鲨鱼，十分坚韧，只有手指与手指之间是普通人的皮肤。受了伤的鲛殿回到村落后，煎熬了好几天，方才慢慢死去。